torres
en la cocina

SIEMPRE HAY
UN BUEN MOTIVO
PARA COCINAR

Primera edición: Noviembre de 2017

© 2017, Corporación RTVE, S. M. E., y Lavinia Audiovisual, S. L. U.
© 2017, de los textos y las recetas, Sergio Torres Martínez y Javier Torres Martínez,
con la colaboración de Marta Tañà
© 2017, Penguin Random House Grupo Editorial, S. A. U.
Travessera de Gràcia, 47-49. 08021 Barcelona
© 2017, de las ilustraciones, CreativeMarket, Thinkstock y Shutterstock
© 2017, de las fotografías, María Ángeles Torres Padilla y Alberto Polo Fernando

Diseño y maquetación del interior: Cómo Design

Printed in Spain – Impreso en España

ISBN: 978-84-01-02037-7
Depósito legal: B-17.127-2017

Compuesto en M. I. Maquetación, S. L.

Impreso en Cachimangrafic
Montmeló (Barcelona)

L020377

Penguin
Random House
Grupo Editorial

A nuestro padre y amigo,
José Torres.

Javier y Sergio Torres

ÍNDICE

LEYENDA ICONOS RECETAS

Sin gluten   Sin lactosa   Sin azúcar   Vegetariana   Vegana

INTRODUCCIÓN

Gracias al apoyo, la implicación y la respuesta de todos vosotros ha sido posible este segundo libro de *Torres en la cocina* con una selección de nuestras mejores recetas. Seguimos convencidos de que siempre hay un buen motivo para cocinar, el lema que nos acompaña desde los inicios de *Torres en la cocina* y que nos permite entrar cada día en vuestra casa con una cocina fácil, sana y casera pero con mucha personalidad. En *Torres en la cocina* el producto siempre ha sido el protagonista. Elaboramos platos sencillos pero siempre sorprendentes con el mejor producto que encontramos en el mercado, de proximidad y de temporada. Sobre la base de la tradición y una buena materia prima, aportamos innovación, y con nuestros «toques Torres» apostamos por una cocina que se adapta al ritmo de la vida actual.

EL TIEMPO ES ORO. Uno de los principales motivos para no cocinar en casa es la falta de tiempo, por eso hemos seleccionado las mejores recetas que pueden prepararse en pocos minutos. Son recetas muy sencillas pero no por ello menos originales. Con técnicas fáciles y rápidas, y dando la cocción justa a cada producto, elaboramos platos originales y variados para cada día.

COCINAR EN FAMILIA. La base para un crecimiento sano es la alimentación. De ahí que uno de nuestros grandes objetivos sea llevar la buena cocina a todas las edades y, especialmente, a los niños. En *Torres en la cocina* hemos hecho especial hincapié en los platos para cocinar y comer en familia, con trucos para introducir aquellos ingredientes que resultan menos apetecibles a los pequeños de la casa.

ABRAZO DE INVIERNO. La cuchara es, sin duda, nuestro cubierto preferido, pues acompaña guisos, sopas y cremas, que son el máximo exponente de la comida reconfortante. Tenemos especial predilección por la cocina de otoño e invierno, esa con la que nos sentimos realmente en casa. Son recetas que beben de la fuente tradicional y que adaptamos a nuestra personalidad, dando protagonismo al producto.

¿QUIÉN DIJO CLÁSICO? La tradición ha sido el referente de nuestra cocina; la aprendimos de muy jóvenes con nuestra abuela y, en la escuela de cocina, con grandes maestros como Josep Lladonosa. A partir de esta tradición, transformamos algunas recetas para darles nuestro particular «toque Torres». Técnicas sencillas, cocciones justas y la incorporación de nuevos ingredientes actualizan sin complejos las recetas de siempre.

COCINAR ES UNA FIESTA. La máxima expresión de la cocina es compartirla con los seres queridos. Para estas ocasiones especiales, hemos escogido las mejores propuestas, técnicas novedosas, siempre al servicio de la materia prima, y algunos trucos que permiten llevar la alta cocina a todas las casas.

En las más de cien recetas y los trucos que ofrecemos a continuación, desplegamos nuestra filosofía como cocineros y la compartimos con vosotros para que las adaptéis a vuestras necesidades y les deis vuestro toque particular. Cocinar y compartir nos hace más felices.

EL TIEMPO
ES ORO

¿Cuánto tiempo se necesita para comer bien?
Si combinas buenos productos, técnicas sencillas y
creatividad... ¡mucho menos de lo que imaginas!

ACEITUNAS RELLENAS DE ANCHOA

RACIONES

2 personas

TIEMPO DE PREPARACIÓN

10 minutos

INGREDIENTES

10 aceitunas gordal
100 ml de nata para montar
2 filetes de anchoa
Aceite de oliva
Sal y pimienta

1. Picamos los filetes con un cuchillo en trozos muy pequeños pero de manera que conserven la textura de la anchoa.

2. Batimos la nata hasta que esté semimontada y añadimos las anchoas bien picadas. Lo mezclamos con cuidado y con movimientos envolventes.

3. Ponemos la nata en una manga pastelera y rellenamos las aceitunas.

4. Servimos las aceitunas sobre la parte abierta, para que no se vea el relleno, y las aliñamos con aceite de oliva, sal y pimienta.

LA ACEITUNA GORDAL ES UNA DE LAS DE MAYOR TAMAÑO Y SE CULTIVA ESPECIALMENTE EN LA PROVINCIA DE SEVILLA.

✺

LAS ACEITUNAS APORTAN SODIO, POTASIO, MAGNESIO, YODO, HIERRO Y FÓSFORO.

✺

LOS PRIMEROS FILETES DE ANCHOA EN ACEITE LOS ENVASÓ UN ITALIANO, GIOVANNI VELLA SCALIOTA, EN SANTOÑA A FINALES DEL SIGLO XIX.

GAMBAS AL AJILLO

RACIONES

2 personas

TIEMPO DE PREPARACIÓN

05'

5 minutos

INGREDIENTES

200 g de gambas peladas
3 dientes de ajo
1 cebolleta (la parte verde)
1 guindilla
40 ml de aceite de oliva virgen extra
20 ml de vino manzanilla
Pimienta de Espelette
Ralladura de limón
Sal

1. Empezamos calentando una cazuelita de barro en el fuego. Si no tenemos, podemos usar una de hierro.
2. Pelamos y cortamos los ajos en láminas y cortamos la parte verde de la cebolleta en juliana. Echamos el aceite en la cazuela caliente y doramos ligeramente los ajos y la guindilla.
   TOQUE TORRES: usamos el verde de la cebolleta en el ajillo.
3. Antes de que los ajos cojan color, añadimos las gambas, un poco de sal y damos un par de vueltas. Incorporamos entonces el vino manzanilla y el verde de la cebolleta.
   TRUCO TORRES: cocinamos las gambas fuera del fuego para que queden jugosas.
4. Retiramos enseguida del fuego y tapamos la cazuela. Dejamos 1 minuto tapada y ya podemos servir las gambas espolvoreadas con la pimienta de Espelette y un poco de ralladura de limón.

LA CAZUELA DE BARRO MANTIENE MUY BIEN EL CALOR UNA VEZ SE RETIRA DEL FUEGO, POR ESO ES IDEAL PARA ESTA RECETA.

LA PIMIENTA DE ESPELETTE ES UN PIMIENTO SECO PROPIO DEL PAÍS VASCO FRANCÉS. SE PUEDE SUSTITUIR POR PIMENTÓN PICANTE.

LA GAMBA BLANCA DE HUELVA Y CÁDIZ ES IDEAL PARA HACER AL AJILLO, AUNQUE TAMBIÉN PODEMOS USAR GAMBA ROJA.

ESPÁRRAGOS CON MAYONESA DE ANCHOAS Y LIMA

RACIONES

2 personas

TIEMPO DE PREPARACIÓN

10 minutos

INGREDIENTES

6 espárragos blancos,
  frescos y gruesos

1 huevo

3 filetes de anchoa

¼ de lima

150 ml de aceite de oliva

Flores de borraja

Hojas de hierbaluisa

Huevas de salmón

Brotes tiernos

Sal

1. Pelamos los espárragos con un pelador desde la punta hacia el tallo procurando que conserven la forma circular. Cortamos la base leñosa y los dejamos todos con el mismo tamaño.

2. Cocemos los espárragos en abundante agua con sal durante 5 minutos.
   TOQUE TORRES: preparamos una mayonesa de anchoas y lima.

3. Ponemos el huevo, una pizca de sal, unas gotas de lima y las anchoas en el vaso de la batidora. Trituramos bien y vamos añadiendo el aceite poco a poco hasta que la mayonesa quede bien ligada.

4. Escurrimos los espárragos y los cortamos en forma de libro: por la mitad a lo largo pero sin llegar al final.

5. Con ayuda de una manga rellenamos los espárragos con la mayonesa de anchoas. Terminamos con las huevas de salmón, las hojas de hierbaluisa, las flores de borraja y los brotes tiernos por encima.

EL ESPÁRRAGO BLANCO FRESCO TIENE UNA TEMPORADA
MUY CORTA EN ESPAÑA, DE ABRIL A JUNIO.

✖

SI EL ESPÁRRAGO ES MUY AMARGO, SE PUEDE AÑADIR
UN POCO DE AZÚCAR EN EL AGUA DE COCCIÓN.

✖

SI NO TENEMOS HIERBALUISA PODEMOS UTILIZAR
OTRA HIERBA CON TOQUES CÍTRICOS,
COMO EL TOMILLO LIMÓN, LA MELISA O LA ALBAHACA.

ENSALADA DE MELÓN CON JAMÓN

RACIONES

2 personas

TIEMPO DE PREPARACIÓN

20 minutos
+ 2 horas para el granizado

INGREDIENTES

1 melón cantalupo
100 ml de cava rosado
80 g de jamón
3 espárragos blancos
1 escarola
Ralladura de naranja
Vinagreta
1 cucharada
  de vinagre de Jerez
2 cucharadas
  de zumo de naranja
4 cucharadas de aceite
  de oliva virgen extra
Sal y pimienta
Extra
Hielo picado

1. Cortamos el melón por la mitad y sacamos todas las bolas que podamos; luego las reservamos en frío. Retiramos el resto de la carne con una cuchara y limpiamos una mitad de la piel del melón para el emplatado.

2. Trituramos el resto del melón junto con el cava rosado y la ralladura de naranja y lo vertemos en un recipiente apto para llevar al congelador. Lo dejamos congelar durante 2 horas, pero lo vamos sacando cada 30 minutos y lo raspamos con un tenedor para que no quede compacto.

3. Limpiamos la escarola, escogemos las hojas tiernas y las ponemos en agua con hielo para que queden bien crujientes.

4. Cocemos los espárragos en agua con sal durante 4 minutos, después los sumergimos en un bol con agua y hielo.
   🍴🍴 **TOQUE TORRES:** preparamos una vinagreta de naranja.

5. Para la vinagreta, mezclamos todos los ingredientes sin emulsionarlos.

6. Picamos el jamón en dados y cortamos los espárragos: las puntas en cuartos y el resto en dados. Los mezclamos con las bolas de melón y aliñamos con parte de la vinagreta.

7. Para emplatar, colocamos la cáscara en un plato con hielo picado. Rompemos el granizado con un tenedor y lo disponemos en la base del melón. Esparcimos por encima la escarola bien escurrida y aliñada con la vinagreta, repartimos la ensalada de melón y jamón y terminamos con las puntas de espárrago y el resto de la vinagreta.

LA MEJOR TEMPORADA DEL MELÓN CANTALUPO ES
ENTRE JUNIO Y AGOSTO, PERO SE PUEDE ENCONTRAR
TODO EL AÑO EN EL MERCADO.

✽

LA TEMPORADA DE ESPÁRRAGO BLANCO FRESCO ES CORTA.
LO PODEMOS SUSTITUIR POR ESPÁRRAGO VERDE
O ESPÁRRAGO EN CONSERVA.

✽

EL CAVA ROSADO SE ELABORA CON VARIEDADES DE UVA
TINTAS COMO GARNACHA, MONASTRELL O PINOT NOIR.

CREMA DE ESPÁRRAGOS

RACIONES

2 personas

TIEMPO DE PREPARACIÓN

10 minutos

INGREDIENTES

6 espárragos gruesos de lata

100 ml de nata

1 espárrago fresco

80 g de jamón

1 hoja de eneldo

1 brote de cebollino

1 hoja de perifollo

Pimienta

1. Cortamos las yemas de los espárragos y las reservamos para el emplatado final.

2. Trituramos el resto de los espárragos con el agua de conserva y un poco de pimienta. Colamos para eliminar las fibras.

3. Ponemos esta crema en un baño maría invertido, es decir, en un bol dentro de un cuenco con hielo y agua, y mezclamos con la nata.

   TOQUE TORRES: añadimos un toque crujiente con el espárrago crudo.

4. Con un pelador, sacamos láminas a lo largo del espárrago fresco y las reservamos en un bol con agua y hielo para que queden bien crujientes.

5. Cortamos el jamón en daditos.

6. Para emplatar, ponemos las yemas de punta en un plato, vertemos la crema alrededor y distribuimos el jamón cortado y las láminas de espárrago fresco. Terminamos con eneldo, cebollino y perifollo por encima de las yemas.

EL ESPÁRRAGO FRESCO PUEDE SER BLANCO,
EN TEMPORADA, O VERDE.

❋

AÑADIMOS LA NATA DESPUÉS DE TRITURAR
PORQUE ANTES SE PODRÍA CORTAR.

❋

LOS ESPÁRRAGOS ERAN LA VERDURA PREFERIDA
DE LA BURGUESÍA DEL SIGLO XVIII.

CREMA DE APIO Y ESPÁRRAGOS

RACIONES

2 personas

TIEMPO DE PREPARACIÓN

30'

30 minutos

INGREDIENTES

1 apio
1 cebolla
200 g de espárragos
  en conserva
200 ml del agua
  de los espárragos
80 g de queso gorgonzola
2 lonchas de jamón ibérico
4 nueces
2 rebanadas de pan
½ cucharadita de comino
Nuez moscada
Tomillo limón
Vinagre de Jerez
Aceite de oliva
Sal y pimienta

1. Separamos la parte verde del apio del corazón blanco. Ponemos las hojas blancas interiores en agua con hielo para que estén bien crujientes y troceamos la parte verde para la crema.
   🍴🍴 **TOQUE TORRES:** preparamos el apio en dos texturas.

2. Picamos la cebolla y la pochamos en una cazuela con un poco de aceite de oliva. Cuando se haya ablandado pero sin llegar a coger color, añadimos el apio troceado, el comino, un poco de nuez moscada y los espárragos en conserva junto con su agua. Salpimentamos y lo dejamos cocinar 10 minutos a fuego medio.

3. Trituramos la crema junto con el queso gorgonzola. Después la pasamos por un colador para eliminar las fibras que puedan haber quedado y reservamos en un bol dentro de otro con hielo para que se enfríe.

4. Cortamos el pan en dados pequeños y los tostamos en una sartén con un poco de aceite de oliva y unas hojas de tomillo limón.

5. Cortamos las lonchas de jamón en juliana.

6. Escurrimos las hojas blancas de apio y las mezclamos con el jamón y las nueces troceadas. Aliñamos con un poco de vinagre de Jerez, aceite de oliva, sal y pimienta.

7. Para emplatar, ponemos la ensalada de apio con jamón y nueces en el centro del plato, vertemos la crema alrededor y terminamos con los dados de pan crujiente.

SI PONEMOS EN REMOJO LAS NUECES CON LA CÁSCARA UNOS MINUTOS, SE ABREN MÁS FÁCILMENTE Y SALEN MÁS ENTERAS.

✖

USAMOS UN GORGONZOLA *DOLCE*, QUE ES SUAVE, MANTECOSO E IDEAL PARA CREMAS Y SALSAS.

✖

EL APIO ES UNA VERDURA RICA EN POTASIO Y SODIO.

COLIFLOR CON PIMENTÓN Y ALCAPARRAS

RACIONES

2 personas

TIEMPO DE PREPARACIÓN

15 minutos

INGREDIENTES

Ramilletes
  de coliflores variadas

3 dientes de ajo

2 chalotas

1 guindilla

40 g de alcaparras
  y alcaparrones

1 cebolleta tierna pequeña

60 ml de cava

1 cucharadita
  de pimentón de la Vera

2 cucharadas de mantequilla

Aceite de oliva

Sal y pimienta

1. Limpiamos y cortamos las coliflores en ramilletes del mismo tamaño.
2. En una cazuela con aceite de oliva, doramos los dientes de ajo en láminas. Cuando empiecen a tomar color, añadimos la chalota y la guindilla y sofreímos.
3. Agregamos el pimentón, cortamos la cocción con el cava y dejamos que el alcohol se evapore.

    ✗ **TRUCO TORRES:** la mantequilla ayuda a ligar la salsa.
4. Añadimos las coliflores, las alcaparras y los alcaparrones y salpimentamos. Incorporamos la mantequilla, que ayudará a ligar la salsa, tapamos la cazuela y dejamos a fuego medio durante 5 minutos.
5. Emplatamos con la parte verde de la cebolleta en juliana por encima y un poco de aceite de oliva en crudo.

EL PIMENTÓN DE LA VERA PUEDE SER PICANTE, AGRIDULCE O DULCE SEGÚN LA MEZCLA DE PIMIENTOS QUE SE USA.

✖

EL TRONCO DE LA COLIFLOR PODEMOS COMERLO, POR EJEMPLO, CRUDO, EN RODAJAS FINAS Y ALIÑADO CON ACEITE, SAL, PIMIENTA Y UNAS GOTAS DE LIMÓN.

✖

PARA UNA PRESENTACIÓN MÁS VISTOSA, UTILIZAMOS DISTINTAS COLIFLORES, COMO LAS MORADAS, LAS AMARILLAS Y LOS BRÓCOLIS.

FLORES DE CALABACÍN RELLENAS DE QUESO

RACIONES

2 personas

TIEMPO DE PREPARACIÓN

20 minutos

INGREDIENTES

8 flores de calabacín
100 g de queso mascarpone
50 g de queso gorgonzola
4 tomates secos
100 g de harina para tempura
80 ml de agua con gas
Tomillo limón
Cebollino
Aceite de oliva

Salsa de anchoas
2 filetes de anchoa
70 g de nata
1 cucharada
  de queso mascarpone
Zumo de limón
Hojas de albahaca

1. Mezclamos los dos quesos en un bol con las hierbas aromáticas (tomillo limón y cebollino) y los tomates secos picados. Reservamos la mezcla en una manga pastelera.

2. Rellenamos las flores de calabacín con los quesos y cerramos con cuidado los pétalos.
   🍳🍳 **TOQUE TORRES:** preparamos una salsa de anchoas fácil y rápida.

3. Para la salsa, ponemos en un vaso para batidora las anchoas, las hojas de albahaca troceadas, la nata y una cucharada de mascarpone. Trituramos bien y terminamos con unas gotas de limón. Reservamos la salsa en un cuenco.

4. Preparamos la tempura con la harina especial y el agua con gas muy fría. Mezclamos bien hasta tener una masa líquida pero con cuerpo, como una crema ligera.

5. Sumergimos las flores en la tempura y las freímos en abundante aceite caliente hasta que estén crujientes.

6. Escurrimos en un plato con papel absorbente. Servimos las flores en tempura junto con un bol con la salsa de anchoas para ir mojando.

LAS FLORES DE CALABACÍN PUEDEN SER MASCULINAS O FEMENINAS. ESTAS ÚLTIMAS ESTÁN PEGADAS AL FRUTO DE CALABACÍN Y SU PISTILO ES MÁS CORTO Y TIENE MENOS POLEN.

EL GORGONZOLA ES UN QUESO AZUL DEL NORTE DE ITALIA QUE PUEDE SER DULCE O PICANTE.

LA TEMPURA ES DE ORIGEN PORTUGUÉS Y LLEGÓ A JAPÓN EN EL SIGLO XVI DE LA MANO DE LOS JESUITAS.

SALTEADO DE ALUBIAS, CHIPIRONES Y SETAS

RACIONES

2 personas

TIEMPO DE PREPARACIÓN

10 minutos

INGREDIENTES

250 g de alubias
   pequeñas cocidas
150 g de chipirones
100 g de salchicha fresca
100 g de setas
½ cebolla
3 dientes de ajo
Perejil
Aceite de oliva
Sal

1. Quitamos la piel de la salchicha y ponemos la carne en una sartén con aceite de oliva. Mientras se dora la vamos deshaciendo con una cuchara.

2. Cortamos la cebolla en juliana y el ajo en láminas y los añadimos a la carne dorada, salamos y salteamos a fuego fuerte al tiempo que removemos.

3. Cuando la cebolla se haya ablandado, añadimos las setas y las alubias ya cocidas y seguimos salteando unos minutos más.
✕ **TRUCO TORRES:** salteamos los chipirones aparte para que queden al punto.

4. Ponemos otra sartén al fuego con un poco de sal y aceite. Cuando esté bien caliente, doramos los chipirones limpios. Les damos la vuelta al cabo de 1 minuto y los juntamos con el salteado en el último momento.

5. Servimos con un poco de perejil picado por encima.

LAS ALUBIAS PEQUEÑAS, COMO LAS DE SANTA PAU, SON PERFECTAS PARA ENSALADAS Y SALTEADOS.

LAS LEGUMBRES SON UNA FUENTE EXCELENTE DE PROTEÍNA VEGETAL DE CALIDAD.

EN ESTA RECETA, LA SALCHICHA FRESCA SE PUEDE SUSTITUIR POR MORCILLA.

PASTA CON CIGALITAS Y CÍTRICOS

RACIONES

2 personas

TIEMPO DE PREPARACIÓN

15'

15 minutos

INGREDIENTES

160 g de espaguetis de algas
10 cigalitas
½ brócoli
1 cebolla
4 dientes de ajo
1 guindilla
1 limón
1 lima
3 piparras
Alcaparras
1 cucharada de mantequilla
Perejil
Ralladura de cítricos
Aceite de oliva
Sal

1. Escaldamos las cigalitas durante 10 segundos en una olla con abundante agua con sal. Las retiramos a un bol con agua y hielo y las pelamos. Sacamos todo el jugo de las cabezas y lo reservamos para la salsa.

2. Cocemos la pasta en el agua de las cigalitas el tiempo indicado en el envase.

3. Calentamos aceite en una sartén y salteamos los cuerpos de las cigalitas. Retiramos y, en la misma sartén, sofreímos la cebolla y los ajos, todo picado, con una guindilla.

   ✂ **TRUCO TORRES:** aprovechamos la esencia de las cabezas de las cigalas.

4. Añadimos al sofrito los ramilletes de brócoli, las alcaparras, el zumo de limón y lima y el jugo que hemos sacado de las cabezas de las cigalitas. Agregamos un poco de mantequilla para ligar la salsa y dejamos cocinar un par de minutos.

5. Escurrimos la pasta y la incorporamos a la sartén del sofrito. Añadimos las cigalitas marcadas y las piparras cortadas en rodajas.

6. Servimos con un poco de perejil y con ralladura de cítricos por encima.

LA PASTA DE ALGAS SE VENDE EN COMERCIOS ESPECIALIZADOS, PERO TAMBIÉN PODEMOS USAR LA PASTA SECA HABITUAL.

❈

SI LAS CIGALITAS TIENEN HUEVAS, LAS AÑADIREMOS AL SOFRITO.

❈

EL BRÓCOLI ES UNA VERDURA MUY RICA EN HIERRO, EL CUAL SE ABSORBE MEJOR SI SE COMBINA CON LA VITAMINA C DE LOS CÍTRICOS.

FIDEUÁ DE SETAS Y GAMBAS

RACIONES

4 personas

TIEMPO DE PREPARACIÓN
20'

20 minutos

INGREDIENTES

300 g de fideos
　　cabello de ángel
150 g de setas
20 gambas
½ cebolla
3 dientes de ajo
¼ de pimiento rojo
¼ de pimiento verde
2 tomates rallados
500 ml de caldo de ave
1 cucharadita de pimentón
5 hebras de azafrán
Cebollino
Aceite de oliva suave
Sal y pimienta
Alioli
1 huevo
2 dientes de ajo negro
100 ml de aceite de oliva
Lima
Sal

1. Empezamos con el sofrito. En una cazuela baja o paella, rehogamos la cebolla, el ajo y los pimientos, todo picado, con un poco de sal. Cuando estén bien pochados, añadimos el pimentón, removemos bien y agregamos el tomate rallado, sal y pimienta.
   ✕ **TRUCO TORRES:** freímos los fideos para que queden más sueltos.

2. Mientras el sofrito se reduce, freímos los fideos en abundante aceite suave. Cuando empiecen a adquirir un tono tostado, los retiramos del fuego y los escurrimos bien con un colador.

3. Incorporamos los fideos al sofrito junto con las setas limpias y el azafrán. Cubrimos con el caldo de ave, rectificamos de sal y dejamos cocinar 5 minutos.

4. Calentamos el horno con el grill a máxima potencia. Distribuimos las gambas encima de la fideuá y la metemos en el horno para que los fideos se terminen de cocinar y queden de punta.
   🍴 **TOQUE TORRES:** preparamos un alioli de ajo negro.

5. Ponemos los dientes de ajo negro, el huevo, un poco de sal, unas gotas de zumo de lima y parte del aceite en el vaso de la batidora. Batimos hasta que ligue y vamos incorporando el resto del aceite poco a poco para terminar el alioli.

6. Servimos la fideuá con unos puntos de alioli y cebollino picado por encima.

LA FIDEUÁ ES ORIGINARIA DE GANDÍA Y NACIÓ COMO UNA VARIACIÓN DEL ARROZ MARINERO.

EL AJO NEGRO NO PICA Y TIENE UN SABOR MÁS DULCE QUE RECUERDA AL REGALIZ.

SEGÚN LA TEMPORADA, PODEMOS USAR SETAS SILVESTRES, DE CULTIVO O DESECADAS Y REHIDRATADAS.

MACARRONES CRUJIENTES

RACIONES

2 personas

TIEMPO DE PREPARACIÓN

25'

25 minutos

INGREDIENTES

200 g de macarrones
200 g de sepias pequeñas
150 g de habitas
4 ajos tiernos
1 guindilla
60 ml de vino rancio
Perejil
Albahaca
Pimentón
Cebollino
Aceite de oliva
Sal y pimienta

1. Cocemos la pasta, en abundante agua con sal, el tiempo indicado en el envase para que quede al dente.
2. Preparamos un aceite verde triturando cebollino, un manojo de hojas de perejil y de albahaca fresca y aceite con la batidora.
   TOQUE TORRES: doramos la pasta una vez cocida.
3. Escurrimos la pasta y la ponemos a dorar en una sartén con un poco de aceite. Tiene que quedar dorada y crujiente por todos lados.
4. Mientras, en otra sartén, rehogamos los ajos tiernos en rodajas con la guindilla. Añadimos las sepias limpias y las salteamos a fuego fuerte. Agregamos las habitas, ponemos el pimentón y enseguida cortamos la cocción con el vino rancio. Dejamos cocinar un par de minutos.
5. Servimos los macarrones crujientes con el salteado de sepias por encima y un cordón de aceite verde.

LA MEJOR PASTA PARA ESTE PLATO SON LOS MACARRONES MUY GRANDES, COMO LOS RIGATONI (ESTRIADOS) O LOS PACCHERI (LISOS).

LAS MEJORES HABITAS SON LAS QUE TIENEN LA VAINA TURGENTE, CRUJIENTE Y DE UN COLOR VERDE BRILLANTE.

PODEMOS USAR UN VINO DE JEREZ U OTRO OLOROSO EN LUGAR DE VINO RANCIO.

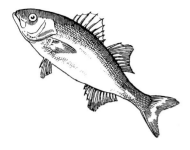

CEVICHE CON SOPA DE MAÍZ

RACIONES

2 personas

TIEMPO DE PREPARACIÓN

40'

40 minutos

INGREDIENTES

400 g de lubina
½ guindilla
2 limas
½ cebolla morada
Cilantro
Flores eléctricas (opcional)
Aceite de oliva
Sal y pimienta

Crema de maíz

2 mazorcas de maíz
100 ml de leche de coco
Hojas de albahaca

1. Para la crema, cocemos las mazorcas limpias en agua hirviendo con sal y unas hojas de albahaca durante 20 minutos. Después las dejamos enfriar en el agua de la cocción.

2. Desgranamos las mazorcas cocidas y separamos algunos granos enteros como guarnición.

3. Ponemos el resto del maíz en un vaso de batidora con medio vaso del agua de la cocción y la leche de coco. Trituramos, rectificamos de sal y pimienta y lo colamos para eliminar las fibras y trozos que puedan quedar.

4. Para el ceviche, fileteamos la lubina y la cortamos en dados de un bocado.

5. Colocamos el pescado en un bol sobre otro con hielo para mantener el frío. Añadimos el zumo de las dos limas, la cebolla morada en juliana y la guindilla en rodajas pequeñas. Salpimentamos y dejamos marinar durante 10 minutos.

✕ **TRUCO TORRES:** aprovechamos los jugos del ceviche para la crema.

6. Recuperamos los jugos del ceviche, los añadimos a la crema de maíz y mezclamos bien.

7. Para emplatar, ponemos el ceviche en el centro del plato, vertemos la crema de maíz alrededor y terminamos con los granos de maíz enteros, cilantro picado, las flores eléctricas (opcional) y unas gotas de aceite de oliva.

PODEMOS ENCONTRAR MAZORCAS DE MAÍZ FRESCO ENTRE LOS MESES DE JUNIO Y SEPTIEMBRE, AUNQUE SE PUEDE COMPRAR TODO EL AÑO COCIDO Y ENVASADO.

※

EL ÁCIDO DEL LIMÓN PROVOCA CAMBIOS EN EL PESCADO: LO COCINA. EL TIEMPO DE MARINADO DEPENDE DEL GUSTO DE CADA UNO Y DEL PUNTO QUE SE LE QUIERA DAR.

※

LA FLOR ELÉCTRICA O BOTÓN DE SECHUAN ES ORIGINARIA DE BRASIL Y TIENE LA FACULTAD DE ADORMECER LIGERAMENTE EL PALADAR.

CALAMARES CON SALSA DE CERVEZA

RACIONES

2 personas

TIEMPO DE PREPARACIÓN

45'

45 minutos

INGREDIENTES

6 calamares
150 g de arroz integral
200 ml de cerveza
½ cebolla
2 pimientos del piquillo
4 dientes de ajo
3 rodajas de jengibre
2 cucharadas de salsa de soja
1 rama de romero y tomillo
1 cucharada de mantequilla
Cebollino
Aceite de oliva
Sal y pimienta

1. Ponemos a cocer el arroz integral en una olla con tres partes de agua por una de arroz. Añadimos un diente de ajo en camisa y las ramas de tomillo y romero. Dejamos cocinar 40 minutos o hasta que esté listo.

2. Para la salsa, rehogamos la cebolla, el jengibre y tres dientes de ajo picados. Cuando estén blandos, añadimos los tentáculos de los calamares y los doramos bien.
   TOQUE TORRES: preparamos una salsa de cerveza para los calamares.

3. Añadimos la salsa de soja y la cerveza a la salsa y dejamos cocinar lentamente durante 30 minutos.

4. Colamos la salsa de cerveza y recuperamos los tentáculos. Ponemos la salsa colada a reducir con la mantequilla para que espese y quede brillante.

5. Cortamos los tentáculos y los añadimos al arroz. Agregamos los pimientos del piquillo en daditos y mezclamos bien.

6. Hacemos unos cortes a lo ancho al calamar sin llegar al final, solo la capa superior. Los salpimentamos y doramos por las dos caras en una sartén muy caliente con aceite de oliva. En un par de minutos estarán listos.

7. Servimos una base de arroz, colocamos los calamares encima y terminamos con la salsa de cerveza y cebollino picado sobre el conjunto.

ES IMPORTANTE QUE NO QUITEMOS LA PIEL A LOS CALAMARES; APORTA SABOR, PROTEGE LA CARNE Y QUEDA MÁS ESTÉTICO.

EL CORTE QUE HEMOS HECHO A LOS CALAMARES TIENE EL NOMBRE DE CONCERTINA.

EL CALAMAR A LA PLANCHA TIENE UNA COCCIÓN MUY CORTA; EN CAMBIO, EN GUISOS REQUIERE MUCHO MÁS TIEMPO.

PEZ DE SAN PEDRO CON CÍTRICOS Y PEREJIL

RACIONES

4 personas

TIEMPO DE PREPARACIÓN

30 minutos

INGREDIENTES

1 pez de San Pedro de 1 kg

4 patatas

6 cebolletas finas

50 ml de vino blanco seco

200 g de mantequilla

1 naranja

1 limón

1 rama de romero

Perejil

Aceite de oliva

Sal y pimienta

1. Precalentamos el horno a 160 ºC y sacamos la mantequilla de la nevera para que se ablande.
2. Pelamos y cortamos las patatas en láminas de unos 2 milímetros.
3. Ponemos un poco de aceite, sal y pimienta en una bandeja para horno. Disponemos las patatas superpuestas simulando las escamas de un pescado. Repartimos la cebolleta troceada, salpimentamos, regamos con el vino blanco y horneamos a 160 ºC durante 10 minutos.

   TOQUE TORRES: preparamos una mantequilla cítrica.
4. Mezclamos la mantequilla pomada con el romero picado y un poco de zumo del limón y la naranja y la piel rallada de la naranja y el limón.
5. Limpiamos el pescado retirando las aletas y las espinas laterales y lo salpimentamos.
6. Sacamos las patatas del horno y colocamos el pescado encima. Pintamos bien el pescado por los dos lados con la mantequilla cítrica y repartimos el resto por encima de las patatas.
7. Metemos la bandeja en el horno alrededor de 15 minutos.
8. Servimos el San Pedro en la misma fuente con perejil picado por encima.

SI NO ENCONTRAMOS CEBOLLETAS, PODEMOS USAR
AJOS TIERNOS O CEBOLLA TIERNA EN JULIANA.

EN EL NORTE DE ESPAÑA EL SAN PEDRO TAMBIÉN
SE CONOCE COMO SANMARTIÑO. SE DISTINGUE POR DOS
MANCHAS NEGRAS A AMBOS LADOS DEL CUERPO.

ES IMPORTANTE QUE LA MANTEQUILLA ESTÉ POMADA
Y NO FUNDIDA, POR ESO HAY QUE DEJARLA
A TEMPERATURA AMBIENTE. SI LA CORTAMOS EN TROZOS
PEQUEÑOS, EL PROCESO SE ACELERA.

ALITAS DE POLLO A LOS CIEN AJOS

RACIONES

2 personas

TIEMPO DE PREPARACIÓN
 15'

15 minutos

INGREDIENTES

10 alitas de pollo
3 cabezas de ajo
30 ml de vino blanco
1 rama de tomillo
1 rama de romero
Limón
Salsa de soja
Aceite picante
Aceite de oliva suave
Sal y pimienta

1. Quitamos las puntas de las alitas, las cortamos por la mitad coincidiendo con la articulación y las salpimentamos. Doramos en una cazuela con aceite de oliva a fuego fuerte.

2. A continuación añadimos los dientes de ajo con piel y las ramas de tomillo y romero. Vamos removiendo mientras se doran y bajamos un poco el fuego para que se cocinen de manera uniforme.

   ✕ **TRUCO TORRES:** con el vino blanco recuperamos todos los jugos de las alitas.

3. Una vez doradas, desglasamos con el vino blanco y la salsa de soja. Retiramos la cazuela del fuego y añadimos un toque de aceite picante y zumo y ralladura de limón. Tapamos y dejamos reposar 1 minuto.

4. Servimos las alitas con los ajos confitados en la misma cazuela.

PODEMOS USAR SALSA WORCESTERSHIRE
EN LUGAR DE SALSA DE SOJA.

❊

GUARDAMOS LAS PUNTAS DE LAS ALAS PARA PREPARAR
CALDO DE AVE, APORTAN MUCHA GELATINA.

❊

EL AJO QUEDA CONFITADO Y ES DELICIOSO PARA COMER
CON LAS ALITAS O PARA PREPARAR UN ALIOLI.

PRESA CON SALSA DE NARANJA

RACIONES

2 personas

TIEMPO DE PREPARACIÓN

60'

1 hora

INGREDIENTES

1 presa ibérica
3 naranjas
60 g de azúcar moreno
1 zanahoria
1 calabacín verde
1 calabacín amarillo
400 ml de caldo de ave
10 ml de salsa de soja
10 ml de coñac
1 l de aceite de oliva suave
1 rama de tomillo
Sal y pimienta

1. En un cazo a fuego medio, dejamos que el caldo de ave reduzca hasta que esté bien concentrado.
2. Calentamos el aceite de oliva suave en una cazuela apta para el horno hasta los 80 °C. Lo podemos controlar con un termómetro o bien calentando a fuego muy suave durante unos minutos.
3. Salpimentamos la presa y la ponemos en el aceite. Añadimos piel de naranja y el tomillo y llevamos la cazuela al horno precalentado a 80 °C durante 30 minutos.
   ✗ **TRUCO TORRES:** hacemos un caramelo como base para una salsa de naranja.
4. Para la salsa, calentamos el azúcar en un cazo hasta que se haga un caramelo. Añadimos el coñac y dejamos que evapore el alcohol unos segundos. Después añadimos el zumo de dos naranjas y el caldo de ave reducido y dejamos cocinar unos minutos.
5. Retiramos la carne del aceite y la secamos para eliminar el exceso de grasa. Ponemos la presa en la brasa para marcarla por las dos caras.
6. Cortamos los calabacines y la zanahoria en láminas con la mandolina o un cuchillo afilado. Salteamos las verduras en una sartén con unas gotas de aceite de oliva y añadimos la salsa de soja al final de la cocción.
7. Sacamos gajos en vivo de la naranja que nos queda.
8. Cortamos la carne en rodajas y las colocamos en la base de un plato. Distribuimos los gajos de naranja y las verduras por encima y terminamos el plato con la salsa de naranja.

LA PRESA ES UNA DE LAS PARTES MÁS APRECIADAS DEL CERDO IBÉRICO. SE ENCUENTRA EN EL CABECERO DEL LOMO, JUNTO A LA PALETA.

✴

UNA SOLA NARANJA CONTIENE EL 65% DE LA VITAMINA C QUE NECESITA UNA PERSONA ADULTA AL DÍA.

CANELONES DE PATO

RACIONES

4 personas

TIEMPO DE PREPARACIÓN 40'

40 minutos

INGREDIENTES

12 láminas de pasta
  para canelones
4 patas de confit
  de pato con su grasa
2 pechugas de pollo
2 cebollas
200 ml de nata
100 g de foie micuit
50 g de pasas de Corinto
60 ml de coñac
2 rebanadas de pan
Leche
Queso parmesano rallado
Sal y pimienta
Bechamel
100 g mantequilla
80 g de harina
500 ml de leche
500 ml de caldo de ave
1 yema de huevo
1 pera
Nuez moscada
Sal y pimienta

1. Ponemos a remojar las pasas con el coñac y el pan con la leche unos minutos antes de empezar a cocinar.
2. Para el relleno de los canelones, primero cortamos la pechuga en trozos pequeños y, a continuación, deshuesamos y deshilachamos el confit de pato.
3. Calentamos un poco de la grasa del confit en una cazuela y doramos las pechugas salpimentadas. A continuación, añadimos la cebolla picada y dejamos que sofría. Agregamos el confit de pato y seguimos rustiendo hasta que la cebolla esté sofrita y la carne, bien dorada.
4. Desglasamos con el coñac de las pasas y añadimos la nata. Rectificamos de sal si es necesario, tapamos la cazuela y dejamos cocinar la carne durante 20 minutos a fuego suave.
5. Terminamos el relleno añadiendo el foie micuit y el pan remojado en leche, bien escurrido. Mezclamos bien y reservamos.
   TOQUE TORRES: hacemos una bechamel con pera.
6. Pelamos y cortamos la pera en dados muy pequeños.
7. Fundimos la mantequilla en un cazo y añadimos la harina. La cocinamos bien durante un minuto y medio sin dejar de remover.
8. Vertemos la leche y el caldo calientes en el cazo sin dejar de remover para que no se formen grumos. Cocinamos la bechamel hasta que espese.
9. En el último momento añadimos la pera picada, un poco de nuez moscada rallada y rectificamos de sal y pimienta. Retiramos del fuego, agregamos la yema de huevo a la bechamel y mezclamos muy bien.
10. Rellenamos la pasta fresca para canelones con la carne. Enrollamos y colocamos en una bandeja sobre una base de bechamel de pera.
11. Cubrimos los canelones con el resto de la bechamel y el queso parmesano rallado. Gratinamos en el horno caliente unos 3 minutos o hasta que estén dorados.

TOMATES A LA VAINILLA

1. Escaldamos los tomates cherry en agua hirviendo durante 10 segundos. Después los retiramos a un bol con agua y hielo y los pelamos dejando el rabillo verde.

2. Ponemos una cucharada de miel a calentar en una sartén para que caramelice.

3. Abrimos la vaina de vainilla por la mitad, a lo largo, y retiramos las semillas interiores, que añadimos, junto con la vaina, a la sartén con la miel.

   TOQUE TORRES: preparamos un plato dulce de postre con tomates.

4. Agregamos los tomates a la sartén y el ron. Flambeamos para quemar el alcohol y dejamos reducir hasta que se forme un caramelo que envuelva los tomates.

5. En un bol mezclamos el requesón con la otra cucharada de miel.

6. Servimos los tomates caramelizados y calientes en un plato con una quenelle de requesón al lado y unas hojas de menta para decorar.

RACIONES

2 personas

TIEMPO DE PREPARACIÓN

15 minutos

INGREDIENTES

12 tomates cherry pera
100 g de requesón
40 ml de ron
2 cucharadas
   de miel de romero
1 vaina de vainilla
Menta fresca

EL TOMATE CHERRY ES MÁS DULCE Y, POR TANTO, IDEAL PARA UN POSTRE COMO ÉSTE.

LOS AZTECAS CONOCÍAN LA VAINILLA COMO «FLOR NEGRA» Y ES LA ÚNICA ORQUÍDEA QUE SE EMPLEA PARA LA ALIMENTACIÓN HUMANA.

EL REQUESÓN SE OBTIENE DEL SUERO DE LECHE Y TIENE LA MITAD DE GRASA QUE UN QUESO FRESCO.

ESPECIAL
ENCURTIDOS CASEROS

Podemos encurtir todo tipo de verduras y vegetales.

1. Los limpiamos y cortamos en trozos regulares, al gusto.
2. Para encurtir, usamos una mezcla de:

   3 partes de agua
   1 parte de vinagre blanco
   1 cucharada de sal
   1 cucharadita de azúcar

3. El vinagre y la sal actúan en los vegetales transformando su sabor y su textura.
4. Una vez encurtidos, se conservan durante meses en la nevera.

Podemos dar diferentes toques a nuestros encurtidos combinando vegetales con especias y aromáticos:

- Cebollitas con comino en grano y guindilla
- Coliflor con un trozo de limón y coriandro en grano
- Apio con pimienta molida, miel de tomillo y tomillo fresco
- Piparras al natural

COCINAR EN
FAMILIA

Cocinar es un placer que nos gusta compartir con aquellos a los que queremos, no importa si son niños o mayores. La imaginación es fundamental para implicar a toda la familia... y acertar.

PIZZA DE CALABACÍN

RACIONES

2 personas

TIEMPO DE PREPARACIÓN

20 minutos

INGREDIENTES

2 calabacines

3 tomates

½ cebolla

3 champiñones

3 dientes de ajo

100 g de mozzarella rallada

Aceitunas verdes (al gusto)

Orégano seco

Aceite picante (opcional)

Aceite de oliva

Sal y pimienta

1. Cortamos el tomate pelado en dados y lo sofreímos en una sartén o cazuela con aceite de oliva hasta que haya perdido el agua y esté concentrado.

   TOQUE TORRES: el calabacín será la base de la pizza.

2. Cortamos los calabacines en rodajas de 2 o 3 milímetros de grosor. Ponemos papel sulfurizado en una bandeja de horno, echamos un poco de aceite, sal y pimienta y vamos colocando las rodajas de calabacín superpuestas y formando un círculo del tamaño del papel.

   TRUCO TORRES: la mozzarella servirá de aglutinante para que no se desmonte la pizza.

3. Repartimos el tomate sofrito encima de la base de calabacín, salpimentamos y esparcimos la mozzarella por toda la superficie.

4. Repartimos por encima la cebolla cortada en juliana, el ajo picado, las aceitunas en rodajas, los champiñones laminados y sazonamos con orégano seco y un poco de aceite de oliva.

5. Horneamos la pizza a 200 °C durante 9 minutos.

6. Antes de servir, añadimos un poco de aceite picante al gusto (opcional).

PARA UNA PIZZA MÁS VISTOSA, PODEMOS INTERCALAR CALABACINES DE DIFERENTES COLORES.

ESTA PIZZA ADMITE INFINITAS VERSIONES. PROBAD A PREPARARLA CON SALCHICHA SALTEADA Y CHORIZO PICANTE.

PARA TENER ACEITE PICANTE CASERO BASTA CON PONER A MACERAR CHILES Y GUINDILLAS EN ACEITE DE OLIVA DURANTE UNAS SEMANAS.

ESPAGUETIS VEGETALES A LA MARINERA

RACIONES

2 personas

TIEMPO DE PREPARACIÓN

20'

20 minutos

INGREDIENTES

2 zanahorias

1 nabo

300 g de mejillones

100 g de gambas peladas

3 dientes de ajo

1 cebolla tierna

2 tomates rallados

50 ml de vino blanco seco

3 piparras

1 guindilla

2 hojas de laurel fresco

Perejil

Cebollino

Aceite de oliva

Sal

1. Para los espaguetis vegetales, pelamos la zanahoria y el nabo y los cortamos con el espiralizador de verduras. También podemos cortarlos con un cuchillo, primero en láminas a lo largo y después en tiras finas.

2. Calentamos un poco de aceite en una cazuela y echamos un diente de ajo, una hoja de laurel, los mejillones y el vino blanco. Tapamos y dejamos a fuego fuerte hasta que los mejillones se abran. Retiramos del fuego, colamos el caldo resultante y separamos los mejillones de las conchas.

3. Por otro lado preparamos un sofrito. Picamos dos ajos y la cebolla y los rehogamos en una cazuela con aceite de oliva y una guindilla. Cuando se hayan ablandado, añadimos el tomate rallado, rectificamos de sal y dejamos reducir unos minutos.
   En el último momento incorporamos las gambas, las cocinamos 1 minuto y retiramos del fuego.
   TOQUE TORRES: cocinamos las verduras con el agua de los mejillones.

4. Salteamos las verduras en otra sartén con aceite. Añadimos parte del agua de los mejillones y cocinamos hasta que estén al dente.

5. Añadimos el sofrito y los mejillones. Mezclamos bien y retiramos del fuego.

6. Servimos los espaguetis vegetales a la marinera con unas piparras cortadas en aros y un poco de perejil y cebollino picados.

EN EL MERCADO HAY MUCHA VARIEDAD
DE ESPIRALIZADORES PARA TODO TIPO DE VERDURAS.

EN PROPORCIÓN, LOS MEJILLONES APORTAN
MÁS HIERRO QUE LA CARNE DE TERNERA.

EL NABO ERA UNO DE LOS VEGETALES MÁS CONSUMIDOS
EN EUROPA ANTES DE LA LLEGADA DE LA PATATA.

VERDURAS EN SALSA VERDE

RACIONES

2 personas

TIEMPO DE PREPARACIÓN 20'

20 minutos

INGREDIENTES

400 g de verduras
  variadas
1 chalota
1 diente de ajo
2 cucharadas
  de mantequilla
1 cucharada
  de harina refinada de maíz
200 ml de caldo de verduras
100 g de espinacas frescas
Menta
Aceite de oliva
Sal y pimienta

1. El caldo de verduras puede estar ya hecho o bien prepararlo con los restos de las verduras que usemos en la receta, como pieles de zanahoria y troncos de coliflores y brócolis. Es suficiente con 30 minutos de cocción.

2. Rehogamos la chalota bien picada en una cazuela con una cucharada de mantequilla. Cuando se haya ablandado, añadimos las verduras cortadas en trozos de tamaño similar, excepto las más duras, que las cortaremos más pequeñas. Mojamos con un poco de caldo de verduras caliente, tapamos y dejamos cocinar 5-6 minutos. **TOQUE TORRES:** preparamos una velouté de espinacas y menta como salsa verde.

3. En un cazo o sartén, doramos un diente de ajo picado con una cucharada de mantequilla. Cuando empiece a tomar color, añadimos la harina refinada de maíz y dejamos cocinar un minuto y medio sin dejar de remover.

4. Añadimos el caldo de verduras caliente, removemos bien para que no se formen grumos y agregamos las hojas de espinaca y menta. Dejamos cocinar un par de minutos.

5. Trituramos la salsa de espinacas y la colamos encima de las verduras. Salpimentamos el conjunto y retiramos del fuego.

6. Emplatamos las verduras con un poco de juliana de menta y aceite de oliva en crudo para terminar el plato.

USAREMOS LAS VERDURAS DE TEMPORADA QUE ENCONTREMOS EN EL MERCADO. EN ESTE CASO, BRÓCOLI, COLIFLOR, ESPÁRRAGOS, TIRABEQUES, ZANAHORIA, PATATA NUEVA, GUISANTES Y HABITAS.

LA ZANAHORIA Y LA PATATA SON VERDURAS DE COCCIÓN MEDIA; HAY QUE CORTARLAS MÁS PEQUEÑAS QUE EL RESTO, QUE SON DE COCCIÓN CORTA.

LAS HARINAS DE MAÍZ Y DE ARROZ SON BUENAS ALTERNATIVAS AL TRIGO PARA SALSAS COMO LA VELOUTÉ O LA BECHAMEL.

GOFRES DE ESPINACAS Y SALMÓN AHUMADO

RACIONES

4 personas

TIEMPO DE PREPARACIÓN

35'

35 minutos

INGREDIENTES

Para la masa

3 huevos

300 ml de leche

240 g de harina

10 g de impulsor

50 ml de aceite de oliva

100 g de espinacas frescas

1 aguacate

50 g de queso parmesano rallado

Ralladura de lima

Sal y pimienta

Para el relleno

100 g de salmón ahumado

100 g de queso de cabra

50 ml de nata

1 tomate

Lima

Eneldo

Sal y pimienta

1. Escaldamos las hojas de espinacas unos segundos en agua hirviendo y las retiramos a un bol con agua y hielo.
TOQUE TORRES: hacemos unos gofres verdes con espinacas y aguacate.

2. Metemos todos los ingredientes de la masa en un vaso para batidora, añadimos las espinacas bien escurridas, el aguacate pelado, sal y pimienta y batimos bien.

3. Ponemos unos moldes de gofres para horno en una bandeja, los pincelamos con aceite de oliva y vertemos la masa en ellos. Horneamos a 180 ºC durante 20 minutos.

4. En un bol mezclamos la nata con el queso de rulo de cabra, sin la corteza, hasta obtener una crema fina. Añadimos unas gotas de lima y reservamos en una manga pastelera.

5. Cortamos el salmón en dados del tamaño de los agujeros del gofre.

6. Pelamos el tomate, quitamos las semillas y cortamos la carne en dados.

7. Retiramos los gofres del horno y los desmoldamos. Cuando se hayan enfriado un poco, rellenamos los huecos con la crema de queso, tapamos con los dados de salmón, encima colocamos los dados de tomate y decoramos con unas hojas de eneldo.

AL ESCALDAR LAS HOJAS VERDES Y ENFRIARLAS EN AGUA FRÍA SE FIJA LA CLOROFILA Y YA NO PIERDEN EL COLOR.

LOS MOLDES DE GOFRES PARA HORNO SON DE SILICONA Y SE PUEDEN ENCONTRAR EN COMERCIOS ESPECIALIZADOS.

SI NO TENEMOS GOFRERA NI MOLDES, PODEMOS COCINAR LA MASA EN UNA SARTÉN EN FORMA DE TORTITAS.

CHURROS DE PATATA CON KÉTCHUP

RACIONES

4 personas

TIEMPO DE PREPARACIÓN

45 minutos
+ 1 hora de reposo

INGREDIENTES

150 g de patatas
200 g de harina
250 ml de agua
50 ml de leche
1 huevo
Aceite de oliva suave
Sal
Salsa de kétchup
300 g de tomate triturado
100 ml de zumo de naranja
30 g de miel
40 g de vinagre balsámico
1 cucharadita
   de salsa worcestershire
Salsa picante (al gusto)
Orégano seco

1. Cocemos las patatas enteras y con piel en agua con sal durante 30 minutos o hasta que estén bien tiernas.
2. Pelamos y machacamos las patatas con un tenedor hasta obtener un puré.
3. Calentamos el agua con la leche y el aceite y, en cuanto hierva, retiramos del fuego y añadimos una pizca de sal.
4. Mezclamos poco a poco los líquidos calientes con el puré de patata para integrar bien los ingredientes. Al final añadimos la yema de huevo y volvemos a mezclarlo todo.
5. Incorporamos la harina poco a poco y mezclamos con una cuchara de palo hasta conseguir una masa fina y homogénea. La reservamos en una manga pastelera con una boquilla rizada y la guardamos en la nevera para que se enfríe bien.
6. Para la salsa de kétchup casera, calentamos el zumo de naranja con la miel, añadimos el tomate triturado y dejamos reducir a fuego vivo.
7. Terminamos la salsa con orégano seco al gusto, el vinagre balsámico, la salsa worcestershire y un toque de salsa picante al gusto. Reservamos y enfriamos la salsa para el emplatado.
8. Sacamos la masa de patata de la nevera y calentamos una buena cantidad de aceite de oliva suave en una olla.
9. Vamos echando la masa de patata con la manga en el aceite y la vamos cortando con un cuchillo o una tijera. Doramos los churros de patata y los retiramos a un plato con papel absorbente.
10. Servimos los churros de patata en un cucurucho con el kétchup casero al lado para ir mojando.

LA MASA TRADICIONAL DE CHURROS SE ELABORA CON HARINA, AGUA, SAL Y LEVADURA.

✖

HENRY J. HEINZ CREÓ EL KÉTCHUP A PARTIR DE UNA SALSA CHINA PICANTE, EL KETSIAP, A LA QUE INCORPORÓ TOMATE.

COCA PIZZA NEGRA

RACIONES

2 personas

TIEMPO DE PREPARACIÓN

1 hora

INGREDIENTES

3 tomates triturados

5 dientes de ajo

10 tomates cherry pera

100 g de mozzarella rallada

20 g de piñones

1 manojo de albahaca

Rúcula

Tomillo

Orégano seco

Aceite de oliva

Sal y pimienta

Masa

500 g de harina

400 ml de agua

13 g de levadura de panadería

10 g de sal

5 g de carbón activo

1 cucharada de aceite

1. Escaldamos y pelamos los tomates cherry. Los cortamos por la mitad y los disponemos en una bandeja de horno con papel sulfurizado.

2. Laminamos tres dientes de ajo y colocamos una lámina encima de cada tomate cherry. Los espolvoreamos con tomillo picado, aliñamos con aceite, sal y pimienta y los horneamos a 140 ºC durante 50 minutos.
   TOQUE TORRES: hacemos una masa negra con carbón activo.

3. Para la masa, disolvemos la levadura en un poco del agua. Mezclamos la harina, el carbón activo y la sal, añadimos la levadura disuelta y el resto del agua. Amasamos bien hasta que quede lisa y sedosa. Hacemos una bola con ella, la envolvemos en un trapo limpio y la dejamos reposar 15 minutos.

4. Estiramos la masa en la encimera con bastante harina para que no se nos pegue en las manos. Le damos una forma alargada, como las cocas. La colocamos en una bandeja de horno sobre papel sulfurizado, le ponemos sal y un poco de aceite y la horneamos a 200 ºC durante 8 minutos.

5. Para la salsa de tomate, doramos dos dientes de ajo laminados y añadimos el tomate triturado. Dejamos reducir unos minutos y agregamos las hojas de albahaca.

6. Sacamos la masa del horno y la cubrimos con el sofrito de tomate y la mozzarella rallada. Colocamos encima los tomates cherry asados y añadimos los piñones y orégano seco al gusto.

7. Volvemos a meterla en el horno un par de minutos, ahora con el grill encendido, para que se funda el queso.

8. Una vez fuera del horno, incorporamos hojas de rúcula y albahaca y servimos.

EL CARBÓN ACTIVADO, ADEMÁS DE APORTAR COLOR A LA MASA, AYUDA A MANTENER LOS GASES DE LA FERMENTACIÓN.

■

LA ALBAHACA PIERDE PARTE DE SU AROMA EN LA NEVERA, ES MEJOR CONSERVARLA EN UN TARRO DE CRISTAL.

TORTILLA DE ALCACHOFAS Y LANGOSTINOS

RACIONES

2 personas

TIEMPO DE PREPARACIÓN

20 minutos

INGREDIENTES

2 huevos
6 alcachofas
8 langostinos
40 g de beicon
150 ml de caldo de ave
50 ml de vino blanco
1 chalota
1 diente de ajo
1 lima
1 rama de tomillo
Perejil
1 cucharada de mantequilla
Cebollino
Aceite de oliva
Sal y pimienta

1. Limpiamos las alcachofas retirando las hojas exteriores hasta llegar al corazón. Pelamos el tallo y retiramos la pelusa del interior. Reservamos los corazones de alcachofa en un bol con agua fría y perejil para que no se oxiden.

2. En una sartén o cazuela doramos un trozo de beicon. Cuando empiece a soltar la grasa, añadimos un diente de ajo con la piel y el tomillo, y dejamos 1 minuto.

3. Ponemos las alcachofas de pie en la sartén, mojamos con el vino blanco primero y el caldo de ave después. Salpimentamos, tapamos la cazuela y dejamos cocinar unos 7 minutos.

4. Cuando las alcachofas estén tiernas, añadimos una cucharada de mantequilla y ligamos la salsa hasta que esté bien reducida.

5. Salteamos la chalota en juliana en una sartén con aceite. Cuando se haya ablandado, añadimos los langostinos cortados por la mitad y los salteamos un par de minutos.

   ✂ **TRUCO TORRES:** damos más volumen a la tortilla separando las yemas de las claras.

6. Separamos las claras de las yemas de los huevos. En un bol batimos las claras hasta que empiecen a montar. Añadimos las yemas y mezclamos bien con las varillas.

7. Cuajamos la tortilla en una sartén a fuego medio. No le daremos la vuelta, retiramos del fuego cuando la parte superior aún no esté del todo cuajada.

8. Pasamos la tortilla a un plato sin darle la vuelta. En la parte superior colocamos las alcachofas, repartimos sus jugos, luego el beicon cortado en dados y, por último, los langostinos y la chalota salteados.

9. Terminamos la tortilla con ralladura de lima y cebollino picado.

CUANTO MÁS TIERNA ES LA ALCACHOFA, MENOS PELUSA TIENE.

LAS CLARAS MONTAN MÁS FÁCILMENTE SIN LAS YEMAS. POR ESO, AL BATIRLAS POR SEPARADO, TENEMOS MÁS VOLUMEN.

RISOTTO DE TOMATE Y SALMÓN AHUMADO

RACIONES

2 personas

TIEMPO DE PREPARACIÓN

30 minutos

INGREDIENTES

200 g de arroz bomba

5 tomates de colgar

6 tomates cherry pera

100 g de salmón ahumado

½ chalota

800 ml de caldo de verduras

50 g de queso parmesano rallado

4 hojas de albahaca

Aceite de oliva

Sal y pimienta

1. Sofreímos la chalota bien picada en una cazuela con aceite de oliva y un poco de sal.

2. Una vez sofrita, añadimos el arroz, removemos bien para nacararlo y mojamos con un par de cucharones del caldo de verduras. Iremos añadiendo caldo a medida que se seque y removeremos frecuentemente. El arroz bomba tiene una cocción de 16-17 minutos.

3. Mientras el arroz se cocina, rallamos el tomate de colgar y lo ponemos a escurrir en un colador; el agua que vaya soltando el tomate la incorporaremos al caldo de verduras.

4. Cortamos los tomates cherry en cuartos y picamos el salmón en trozos pequeños.

   ✕ **TRUCO TORRES:** añadimos el tomate en el último momento para que mantenga el frescor.

5. Cuando falten 2 minutos para terminar la cocción del arroz y aún le quede un poco de caldo, añadimos la pulpa de tomate, el salmón, rectificamos de sal y pimienta y removemos bien.

6. Incorporamos el queso rallado y un chorro de aceite de oliva, ligamos bien con el arroz. Añadimos por último los tomates cherry y servimos con albahaca picada por encima.

NACARAR ES SOFREÍR LIGERAMENTE EL ARROZ HASTA QUE ESTÁ LIGERAMENTE TRANSLÚCIDO. ASÍ SE CIERRA EL PORO Y EL GRANO MANTIENE MEJOR LA FORMA CON LA COCCIÓN.

❋

EL RISOTTO ES UN ARROZ MELOSO, POR ESO ES IMPORTANTE NO DEJARLO SECO AL FINAL DE LA COCCIÓN.

❋

EL ORIGEN DEL RISOTTO SE SITÚA EN EL RENACIMIENTO ITALIANO, CUANDO UN JOVEN QUISO ENAMORAR A LA HIJA DE UN PINTOR CON UN PLATO DE ARROZ CON AZAFRÁN.

RISOTTO DE ESPELTA CON CALAMARES

RACIONES

2 personas

TIEMPO DE PREPARACIÓN

30 minutos
+ 2 horas de reposo

INGREDIENTES

300 g de espelta en grano
2 calamares
1 chalota
2 tomates
200 ml de caldo de pescado
100 ml de nata
100 g de queso parmesano rallado
Perejil
Aceite de oliva
Sal

1. Ponemos la espelta en remojo en un cuenco con agua abundante durante 2 horas para que se hidrate y sea más fácil de cocinar.
2. Cocinamos la espelta hidratada en un cazo con el doble de volumen de agua que de cereal y un poco de sal durante 20 minutos.
3. Picamos la chalota y la sofreímos en una cazuela con un poco de aceite de oliva.
4. Añadimos la espelta cocida y escurrida a la chalota, removemos bien y agregamos el caldo de pescado y la nata. Dejamos que reduzca unos minutos.
5. Pelamos y cortamos los tomates en dados pequeños, sin pepitas.
6. Cortamos el cuerpo del calamar en tiras lo más finas posible, como fideos.
7. Cuando la nata y el caldo de pescado se hayan reducido, añadimos el queso rallado y un poco de aceite de oliva al risotto y mezclamos bien para que ligue.
8. Apartamos del fuego, agregamos las tiras de calamar y el tomate al risotto y mezclamos bien. El calamar se cocinará con el calor de la espelta.
9. Servimos el risotto en un plato hondo con unas hojas de perejil para decorar.

LA ESPELTA CONTIENE GLUTEN, AUNQUE EN MENOR CANTIDAD QUE EL TRIGO COMÚN.

SE PUEDEN UTILIZAR OTROS CEREALES EN LUGAR DE ESPELTA, COMO, POR EJEMPLO, CEBADA O TRIGO SARRACENO.

EN EL MERCADO ES POSIBLE ENCONTRAR CALAMAR DURANTE TODO EL AÑO, PERO LA MEJOR TEMPORADA ES EL VERANO.

ALBÓNDIGAS VEGETALES

RACIONES

2 personas

TIEMPO DE PREPARACIÓN

30 minutos

INGREDIENTES

200 ml de caldo de verduras
150 g de copos de avena
80 g de espinacas
4 champiñones
¼ de calabaza
¼ de coliflor
20 g de piñones
1 cucharadita de curry
Harina
Cebollino
Aceite de oliva
Sal y pimienta
Salsa de tomate
3 tomates
1 cebolla
2 dientes de ajo
50 g de habitas
1 rama de tomillo
1 guindilla

1. Calentamos el caldo de verduras y añadimos los copos de avena. Mantenemos en el fuego unos minutos, removiendo constantemente, hasta que se forme una pasta espesa. Echamos entonces los piñones troceados y el curry, salpimentamos, mezclamos bien y retiramos del fuego.

2. Picamos la calabaza y los champiñones en daditos pequeños. Rallamos o picamos la coliflor con el accesorio para picar de la batidora.

3. En una sartén con aceite salteamos la calabaza, los champiñones y la coliflor. Cuando casi estén, añadimos las espinacas cortadas, salpimentamos y dejamos 1 minuto para que se ablanden.

4. Escurrimos para quitar el exceso de agua y mezclamos el salteado de verduras con la masa de avena. Formamos albóndigas con las manos y las enharinamos.

5. Freímos las albóndigas en una sartén con aceite y retiramos cuando estén doradas.

6. En la misma sartén preparamos la salsa de tomate. Rehogamos el ajo y la cebolla picados con una rama de tomillo y una guindilla. Cuando estén sofritos, añadimos el tomate rallado y las habitas y dejamos cocinar 6 minutos.

7. Incorporamos las albóndigas a la salsa, las calentamos un par de minutos y servimos con cebollino picado por encima.

LOS HIDRATOS DE CARBONO DE LA AVENA AYUDAN
A REDUCIR EL NIVEL DE COLESTEROL.

✖

ESTAS ALBÓNDIGAS PUEDEN HACERSE CON CUALQUIER
VERDURA DE TEMPORADA.

✖

EL CURRY SE PUEDE SUSTITUIR POR UNA MEZCLA
DE ESPECIAS AL GUSTO.

EMPANADILLAS NEGRAS DE BERBERECHOS

 TOQUE TORRES: preparamos una pasta negra para las empanadillas.

RACIONES

2 personas

TIEMPO DE PREPARACIÓN
40'

40 minutos

INGREDIENTES

500 g de berberechos
1 rama de apio
½ cebolla
1 zanahoria
1 tomate
10 alcaparras
1 calabacín
3 dientes de ajo
1 guindilla
3 cucharadas de mantequilla
Cebollino picado
Tomillo limón
Piel de naranja y limón
Azafrán
Aceite de oliva
Sal y pimienta
Masa de empanadillas
280 g de harina
2 huevos
2 cucharadas
   de tinta de calamar
1 cucharada de aceite de oliva

1. Para la masa, mezclamos todos los ingredientes en un bol. Una vez estén bien integrados, pasamos la mezcla a la encimera y la amasamos estirando y plegando hasta que coja una textura parecida al cuero. Después la dejamos reposar tapada con un trapo limpio unos 20 minutos.

2. Calentamos un poco de aceite en una cazuela, añadimos un diente de ajo con la piel, la guindilla, piel de naranja y limón, el tomillo limón y los berberechos. Tapamos y dejamos en el fuego; cuando se abran, los retiramos, los colamos y reservamos el caldo.

3. Para el relleno, rehogamos la cebolla, el apio y la zanahoria picados en dados muy pequeños en una sartén con aceite de oliva hasta que se ablanden. Añadimos el tomate sin piel ni pepitas y cortado en dados pequeños, salpimentamos y damos un par de vueltas. Finalmente, añadimos las alcaparras y un poco de cebollino picado.

4. Sacamos los berberechos de las conchas y los añadimos al relleno. Dejamos enfriar mientras preparamos la masa.

5. Estiramos la masa con ayuda de un rodillo hasta que tenga un grosor de entre 1 y 2 milímetros. Cortamos círculos con un cortapastas, los rellenamos con la farsa de verduras y berberechos, los cerramos en forma de empanadilla y sellamos los bordes con un tenedor.

6. Ponemos el caldo de los berberechos en una sartén al fuego, añadimos unas hebras de azafrán y la mantequilla. Agregamos el calabacín cortado en tiras finas y dejamos hasta que la salsa reduzca y se ligue.

7. Cocemos las empanadillas en agua con sal durante 2 minutos.

8. Emplatamos las empanadillas cocidas y regamos con la salsa y el calabacín.

CANELONES DE PUERRO Y POLLO

RACIONES

2 personas

TIEMPO DE PREPARACIÓN

45 minutos

INGREDIENTES

4 puerros
2 pechugas de pollo
½ papada ibérica
5 salchichas frescas
400 ml de nata
30 ml de brandy
Tomillo
Laurel
Aceite de oliva
Sal y pimienta
Parmesano
Salsa bechamel
50 g de mantequilla
50 g de harina de arroz
250 ml de leche
250 ml de caldo de puerro
Sal y pimienta

1. Cortamos la parte blanca de los puerros en secciones del tamaño de un canelón. Limpiamos bien el resto y lo reservamos para más adelante.

2. Escaldamos el blanco de los puerros en agua con sal durante 1 minuto y cortamos la cocción pasando el puerro a un bol con agua y hielo. Ponemos la parte verde de los puerros en la misma agua del escaldado anterior y dejamos que se haga un caldo durante 10-15 minutos.

3. Empujamos la parte interior de la parte blanca del puerro de manera que nos queden un par de capas superficiales enteras que luego rellenaremos; reservamos el corazón del puerro.
   ✕ **TRUCO TORRES:** no picamos la carne para que no suelte agua.

4. Para el relleno, cortamos en dados las carnes, las salpimentamos y doramos en una cazuela con el tomillo y el laurel. Una vez doradas, desglasamos con el brandy.

5. Añadimos la nata y el interior de la parte blanca del puerro en trozos a la cazuela, tapamos y dejamos cocer 20 minutos a fuego lento.

6. Trituramos el relleno con el robot o la picadora y dejamos enfriar un poco antes de ponerlo en una manga pastelera. Después rellenamos los puerros con la farsa.

7. Para preparar la bechamel, fundimos la mantequilla, añadimos la harina y removemos durante un minuto y medio para que pierda el sabor a crudo. Agregamos el caldo del verde del puerro y la leche calientes y removemos bien para que no se formen grumos. Rectificamos de sal y pimienta y retiramos del fuego cuando tenga una textura espesa.

8. Para emplatar, ponemos una base de salsa bechamel, encima los canelones de puerro y pollo y terminamos con unas lascas de queso parmesano por encima.

EL PUERRO ES UNA VERDURA DIURÉTICA,
ALTA EN POTASIO Y BAJA EN SODIO.

CONCHAS DE VIEIRA RELLENAS Y GRATINADAS

RACIONES

4 personas

TIEMPO DE PREPARACIÓN

30 minutos

INGREDIENTES

1 kg de mejillones

2 zanahorias

1 calabacín

1 puerro

250 ml de nata

40 g de harina

40 g de mantequilla

10 hojas de albahaca

100 ml de vino blanco

6 dientes de ajo

2 hojas de laurel

Pimienta negra en grano

Pan rallado

Tomillo

Romero

Orégano fresco

Aceite de oliva

Sal

Extra

4 conchas de vieira vacías

Sal gorda

Alcohol de quemar

1. Calentamos un poco de aceite en una olla y ponemos el laurel, los dientes de ajo, unos granos de pimienta y los mejillones. Añadimos el vino blanco, tapamos la olla y dejamos a fuego fuerte hasta que se abran.

2. Colamos el caldo que han soltado los mejillones y reservamos 250 mililitros para la bechamel. Separamos los mejillones de las conchas y los picamos.

3. Picamos las zanahorias, el calabacín y el puerro en daditos.

4. Sofreímos las verduras en una olla con la mantequilla. Cuando las verduras estén cocidas, añadimos la harina y removemos bien durante un minuto y medio para que se cocine.

5. Vertemos la nata y el caldo de los mejillones, en caliente, y removemos con las varillas para que no se formen grumos. Dejamos cocinar unos minutos hasta que espese, sin dejar de remover.

   TOQUE TORRES: aromatizamos la bechamel con albahaca.

6. Fuera del fuego, añadimos los mejillones y las hojas de albahaca picadas a la bechamel.

7. Mezclamos el pan rallado con tomillo, romero y orégano muy picados.

8. Rellenamos las conchas de vieira con la bechamel y cubrimos con el pan rallado con las hierbas. Las ponemos en una bandeja de horno sobre un poco de sal gorda para que no se muevan. Las gratinamos en el horno caliente durante unos 5 minutos o hasta que estén doradas.

9. Para emplatar, ponemos una buena capa de sal gorda en una fuente, vertemos alcohol de quemar en la sal y colocamos encima las conchas gratinadas. Prendemos el alcohol y llevamos el plato a la mesa.

SI NO OBTENEMOS CANTIDAD SUFICIENTE DE CALDO DE LOS MEJILLONES, COMPLETAMOS CON MÁS NATA HASTA LLEGAR A 500 MILILITROS DE LÍQUIDO.

ALBÓNDIGAS DE SEPIA Y GAMBAS

RACIONES

4 personas

TIEMPO DE PREPARACIÓN

25 minutos

INGREDIENTES

1 sepia de unos 800 g

300 g de gambas

3 dientes de ajo

2 rebanadas de pan de molde

80 ml de leche

2 huevos

100 g de harina

1 rama de perejil

Sal y pimienta

Salsa

2 cebollas

100 ml de vino blanco

200 ml de caldo de pescado
  (fumet)

1 guindilla

1 hoja de laurel

Aceite de oliva

Sal

1. Empezamos poniendo la miga de pan a remojo en la leche.
2. Cortamos la sepia en trozos grandes, reservamos parte del cuerpo y trituramos el resto con un robot picador. Cortamos las gambas peladas a cuchillo para que conserven la textura.
3. Ponemos en un bol la sepia triturada, las gambas, el pan escurrido, el ajo y perejil picados, los huevos enteros, sal y pimienta. Mezclamos bien hasta que todos los ingredientes queden bien integrados.
4. Con las manos ligeramente enharinadas, formamos las albóndigas, las pasamos por harina y las freímos en una sartén con aceite de oliva. Retiramos cuando estén doradas.
5. En la misma sartén, rehogamos el cuerpo de la sepia en dados con la cebolla picada, el laurel y la guindilla. Una vez sofrito, añadimos el vino blanco, dejamos que el alcohol se evapore y agregamos el caldo de pescado.
6. Incorporamos las albóndigas a la salsa, rectificamos de sal, tapamos, bajamos el fuego y dejamos cocinar durante 7 minutos. Servimos directamente en la cazuela.

EL ORIGEN DE LAS ALBÓNDIGAS SE REMONTA
A LA ÉPOCA ROMANA, CUANDO YA SE PREPARABAN
CON DISTINTOS TIPOS DE CARNE Y ESPECIAS.

LA MIGA DE PAN EMPAPADA CON LECHE APORTA JUGOSIDAD
Y ESPONJOSIDAD A TODO TIPO DE ALBÓNDIGAS.

LA SEPIA ES UNA BUENA FUENTE DE VITAMINAS B3 Y B12.

MERLUZA CON PILPIL DE ESPÁRRAGOS

RACIONES

2 personas

TIEMPO DE PREPARACIÓN

20 minutos

INGREDIENTES

300 g de merluza

1 cabeza y espinas de merluza

6 espárragos blancos frescos

1 manojo
  de espárragos trigueros

½ bulbo de hinojo

50 ml de vino blanco

2 cayenas

Aceite de oliva

Sal y pimienta

1. Desangramos la cabeza y las espinas de la merluza dejándolas unas horas en un bol con agua fría.

2. Las escurrimos y las ponemos en una olla con las cayenas y cubrimos con unos 150 mililitros de aceite de oliva. A continuación, a fuego muy suave, las dejamos infusionar para que salga la gelatina de la cabeza de la merluza.

3. Cortamos los troncos de los espárragos en trozos medianos (guardamos las yemas para otras recetas) y cortamos el hinojo en juliana.

4. Rehogamos los espárragos y el hinojo en una olla con un poco de aceite, sal y pimienta. Añadimos el vino blanco, tapamos la olla y dejamos cocinar a fuego suave durante 5 o 6 minutos.
   TOQUE TORRES: hacemos un pilpil con los espárragos y el aceite de la merluza.

5. Trituramos los espárragos junto con el aceite colado de la cabeza y las espinas de merluza hasta que ligue bien, como un pilpil. Rectificamos de sal y reservamos.

6. Salpimentamos el lomo de merluza y lo doramos en una sartén con unas gotas de aceite por la parte de la piel. Cuando la carne esté casi opaca, le damos la vuelta unos segundos y ya lo podemos retirar.

7. Salteamos los espárragos trigueros con un poco de sal en la misma sartén de la merluza durante un par de minutos.

8. Emplatamos con una base de pilpil de espárragos, luego la merluza y terminamos con los trigueros por encima y un poco de aceite en crudo.

LA SALSA PILPIL TIENE UNOS CIEN AÑOS DE HISTORIA, LAS PRIMERAS RECETAS DOCUMENTADAS SE PUBLICARON ENTRE FINALES DEL SIGLO XIX Y PRINCIPIOS DEL XX.

■

LOS ESPÁRRAGOS TRIGUEROS SON LOS QUE CRECEN DE FORMA SILVESTRE; LOS CULTIVADOS SON LOS ESPÁRRAGOS VERDES.

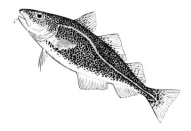

BACALAO CON CEBOLLA Y OLIVADA

RACIONES

2 personas

TIEMPO DE PREPARACIÓN

20 minutos

INGREDIENTES

300 g de lomo de bacalao

500 ml de leche

3 tomates

½ cebolla blanca

½ cebolla morada

3 dientes de ajo

20 g de piñones

3 cucharadas
  de paté de aceitunas

2 cucharadas
  de vinagre de manzana

1 rama de romero

Perifollo

Aceite de oliva

Sal y pimienta

1. Calentamos la leche en un cazo e incorporamos el lomo de bacalao para que se cocine. Lo dejamos 5 minutos a fuego muy suave, sin que llegue a hervir, así el bacalao se confita y queda jugoso.

2. Cortamos la cebolla morada en juliana y la ponemos en un bol con agua, hielo, un poco de sal y el vinagre de manzana. Reservamos hasta el final de la receta.

3. Preparamos un sofrito rehogando el ajo y la cebolla picados en una cazuela con aceite. Añadimos una rama de romero y, cuando la cebolla esté transparente, agregamos el tomate rallado. Rectificamos de sal y pimienta y dejamos cocinar 5 minutos.

4. Trituramos los piñones y los mezclamos con el paté de aceitunas.
   TOQUE TORRES: gratinamos el bacalao con la pasta de aceitunas.

5. Retiramos el bacalao de la leche, extendemos la pasta de aceitunas y piñones encima de la piel y metemos en el horno con el grill encendido hasta que quede un poco crujiente.

6. Servimos el bacalao sobre una base de sofrito de tomate y terminamos con la cebolla morada y unas hojas de perifollo.

NO TIRAREMOS LA LECHE, PODEMOS APROVECHARLA PARA HACER UNA LACTONESA [MAYONESA SIN HUEVO] CON SABOR A BACALAO.

✖

LA PASTA DE ACEITUNAS TAMBIÉN SE CONOCE COMO OLIVADA O TAPENADE.

✖

PARA DESALAR UN LOMO DE BACALAO HAY QUE TENERLO EN REMOJO 48 HORAS Y CAMBIAR EL AGUA CADA 6 HORAS.

CODORNICES EN PIMIENTO

RACIONES

2 personas

TIEMPO DE PREPARACIÓN

50 minutos

INGREDIENTES

2 pimientos rojos
  grandes
2 codornices
8 lonchas de panceta curada
4 cebollitas
50 ml de brandy
200 ml de caldo de ave
2 tomates
2 anchoas
Aceite de oliva
Sal y pimienta

1. Cortamos la parte superior de los pimientos, alrededor del rabillo, para retirar las semillas. Una vez las hemos extraído, cortamos la membrana blanca de la parte superior, que vamos a guardar para cerrar de nuevo los pimientos.

2. Asamos superficialmente los pimientos directamente al fuego, para que cojan aroma ahumado, pero sin que lleguen a cocerse.

3. Pelamos las cebollitas y las metemos dentro de las codornices, previamente limpias para rellenarlas. Después las salpimentamos y envolvemos con la panceta.

4. Ponemos las codornices dentro de los pimientos y añadimos un poco de brandy. Luego los cerramos y aseguramos la tapa con unos palillos para que no se abran.

5. Colocamos los pimientos en una fuente para horno, vertemos el caldo de ave y horneamos a 200 ºC durante 40 minutos.

6. Una vez asados, retiramos las codornices de los pimientos y reservamos los jugos. A continuación, pelamos los pimientos y los cortamos en tiras.

7. Sacamos las cebollitas de las codornices y las cortamos por la mitad. Partimos las codornices en cuatro trozos, separando los muslos y las pechugas.

8. Sacamos la pulpa de los tomates con cuidado.

9. Para emplatar, ponemos una base del pimiento asado, encima las codornices, las cebollitas, la pulpa de tomate, las anchoas troceadas y terminamos con los jugos alrededor y un poco de aceite de oliva en crudo.

AUNQUE AÚN SE ENCUENTRAN CODORNICES SALVAJES
EN ALGUNAS PARTES DE ESPAÑA,
LA MAYORÍA PROVIENEN DE GRANJAS.

✖

EL PIMIENTO ROJO ES UNO DE LOS VEGETALES
MÁS RICOS EN VITAMINA C, AUNQUE ÉSTA
SE PIERDE EN BUENA PARTE CON LA COCCIÓN.

CHURRASCO DE TERNERA MARINADO

RACIONES

2 personas

TIEMPO DE PREPARACIÓN

20 minutos
+ 12 horas de marinado

INGREDIENTES

500 g de churrasco
  deshuesado

4 setas de cardo

2 tomates

1 calabacín

4 pimientos del piquillo

4 espárragos verdes

10 avellanas

1 cucharadita de vinagre

Aceite de oliva

Sal y pimienta

Marinada

1 cucharada de orégano seco

1 cucharada de ajo en polvo

1 cucharadita
  de guindilla molida

2 cucharadas de miel

4 cucharadas de salsa de soja

1 rama de tomillo y romero

Aceite de oliva

1. En la carnicería pedimos el churrasco en una pieza entera y deshuesada, sin los huesos de la costilla.

2. Mezclamos todos los ingredientes de la marinada en una fuente del tamaño de la pieza de carne.

3. Añadimos la carne salpimentada, la impregnamos bien de la marinada por los dos lados y metemos en la nevera durante 12 horas.

4. Sacamos la carne y reservamos la marinada. Doramos el churrasco en una parrilla, primero por la parte más grasa y después por la otra. Terminamos la cocción en el horno a 180 °C durante 8 minutos. Podemos usar la misma parrilla para el horno, si es apta, o una fuente.

5. Cortamos los tomates por la mitad, el calabacín en rodajas gruesas y quitamos la parte leñosa de los espárragos. Asamos todas las verduras a la brasa o bien en una parrilla o al horno.
   TOQUE TORRES: aprovechamos la marinada para una vinagreta.

6. Preparamos una vinagreta con las avellanas machacadas en el mortero, dos cucharadas del marinado de la carne, una cucharadita de vinagre, sal y aceite de oliva.

7. Cortamos la carne en lonchas no muy gruesas, servimos con las verduras asadas y salseamos el conjunto con la vinagreta de avellanas.

EL CHURRASCO, TRADICIONALMENTE, ES UN CORTE EN TIRAS DE LA FALDA DE TERNERA PERPENDICULAR A LAS COSTILLAS E INCLUYE EL HUESO.

PARA LIMPIAR LOS ESPÁRRAGOS VERDES SÓLO HAY QUE DOBLARLOS: SE PARTIRÁN JUSTO DONDE EMPIEZA LA PARTE LEÑOSA QUE HAY QUE TIRAR.

EL MARINADO ES UNA FORMA DE CONSERVACIÓN QUE ACTUALMENTE SE USA PARA AROMATIZAR Y ABLANDAR LAS CARNES.

MOUSSE DE CÍTRICOS

RACIONES

2 personas

TIEMPO DE PREPARACIÓN

30 minutos

INGREDIENTES

100 g de azúcar

20 ml de licor triple seco

2 claras de huevo

100 ml de nata

80 g de confitura de naranja

1 naranja

1 pomelo

100 ml de zumo de mandarina

6 hojas de gelatina

1 kumquat (opcional)

4 hojas de menta

Extra

Tiras de acetato

1. Preparamos un almíbar poniendo en un cazo al fuego el azúcar con el licor triple seco y un poco de agua.

2. Mientras se calienta el almíbar, montamos las claras de huevo. A medio montar, vertemos el almíbar poco a poco a las claras sin dejar de batir y seguimos hasta conseguir un merengue que, al levantar las varillas, forme un pico firme.

3. Calentamos una parte pequeña de nata y añadimos cuatro hojas de gelatina hidratadas en agua y bien escurridas. Removemos hasta que se disuelva del todo.

4. Batimos el resto de la nata hasta que esté semimontada. Luego incorporamos la confitura de naranja y unos dados de naranja en vivo (es decir, sin nada de piel) y mezclamos con suavidad.

5. Unimos la nata con la naranja, la nata con la gelatina y las claras montadas mezclando todo con movimientos envolventes.

6. Cortamos un trozo de acetato y formamos un molde redondo que cerramos con cinta adhesiva. Los ponemos en un plato y vertemos la mousse en ellos, sin llegar al borde. Reservamos en la nevera hasta que esté cuajada, un par de horas.

   ✂ **TRUCO TORRES:** no calentamos el zumo para que no pierda frescor.

7. Cuando ya esté fría y medio cuajada, calentamos a fuego muy suave la gelatina hidratada en un cazo con un poco de agua. Cuando se haya fundido, añadimos el zumo de mandarina y removemos bien. Lo vertemos encima de la mousse y volvemos a meter en la nevera para que cuaje todo.

8. Para servir, desmoldamos sacando con cuidado el acetato. Decoramos la mousse con gajos de naranja y pomelo en vivo, unas rodajas de kumquat (opcional) y hojas de menta.

EL ACETATO SE PUEDE CONSEGUIR EN TIENDAS ESPECIALIZADAS EN REPOSTERÍA, AUNQUE TAMBIÉN PODEMOS USAR PAPEL DE ACETATO DE PAPELERÍA CORTADO EN TIRAS.

HELADO DE MANZANA ASADA

RACIONES

4 personas

TIEMPO DE PREPARACIÓN

60'

1 hora
+ 4 horas en la nevera

INGREDIENTES

4 manzanas golden
500 ml de leche
250 ml de nata
100 g de yemas de huevo
100 g de azúcar integral
1 cucharadita
  de jengibre en polvo
1 cucharadita
  de canela en polvo
Piel de naranja
Extra
Heladera doméstica

1. Antes de empezar, es importante tener el tambor de la heladera en el congelador desde el día anterior.
2. Pelamos y cortamos las manzanas en trozos y las asamos en el horno a 180 °C durante unos 30 minutos o hasta que estén bien tiernas.
   ♨♨ **TOQUE TORRES:** aromatizamos la crema con jengibre, que complementa la naranja y la canela.
3. Ponemos a calentar la leche y la nata en un cazo junto con la piel de naranja, el jengibre en polvo y la canela.
4. Batimos las yemas con el azúcar. Cuando la leche y la nata hiervan, las colamos y vertemos sobre las yemas sin parar de remover, para que no cuajen.
5. Volvemos a poner la mezcla en el fuego y vamos removiendo hasta que espese. Si tenemos termómetro de cocina, lo retiraremos del fuego cuando alcance los 83 °C.
6. Incorporamos la manzana asada a la crema y trituramos con una batidora. Dejamos enfriar la mezcla y la reservamos 4 horas en la nevera para que esté bien fría.
7. Sacamos el tambor del congelador y montamos la heladera. Echamos la crema de manzana y ponemos la heladera en marcha.
8. Una vez listo el helado, lo pasamos a un recipiente apto y lo guardamos en el congelador hasta el momento de servir.

SI NO TENEMOS HELADERA, PONDREMOS
LA MEZCLA FRÍA EN UN RECIPIENTE EN EL CONGELADOR
Y CADA 30 MINUTOS LO SACAREMOS Y REMOVEREMOS BIEN
CON UN TENEDOR PARA ROMPER LOS CRISTALES DE HIELO.
REPETIREMOS EL PROCESO HASTA QUE ESTÉ CONGELADO.

◼

PARA ENFRIAR RÁPIDAMENTE LA CREMA, LA PONEMOS EN
UN BOL, LA TAPAMOS CON PAPEL FILM EN CONTACTO DIRECTO
CON LA CREMA PARA QUE NO HAGA COSTRA, Y PONEMOS
EL BOL DENTRO DE OTRO CUENCO CON HIELO.

GOFRES DE NARANJA Y CHOCOLATE

RACIONES

2 personas

TIEMPO DE PREPARACIÓN

30 minutos

INGREDIENTES

100 g de mantequilla
40 g de miel de naranjo
250 g de harina
10 g de impulsor
4 cucharadas de leche
100 g de caramelos
  del abuelo
1 huevo
1 vaina de vainilla
200 ml de nata
30 g de azúcar
50 g de mermelada
  de naranja amarga
100 g de chocolate negro
10 nueces pecanas
Menta

1. Fundimos la mantequilla en un cazo a fuego lento y la pasamos a un bol. Añadimos la leche, el huevo, la miel y las semillas interiores de media vaina de vainilla; seguidamente, lo mezclamos bien. Agregamos la harina y el impulsor y continuamos removiendo hasta obtener una masa homogénea.
TOQUE TORRES: añadimos caramelos para dar un toque crujiente al gofre.

2. Machacamos los caramelos del abuelo en el mortero y los incorporamos a la masa.

3. Cogemos porciones de masa con las manos untadas en aceite, las aplanamos y ponemos en la gofrera. Cerramos y las dejamos cocinar un par de minutos. Después los retiramos para que se enfríen.

4. Montamos la nata con el azúcar y las semillas de la otra mitad de la vainilla. Cuando esté semimontada, añadimos la mermelada de naranja amarga y la incorporamos a la nata con movimientos envolventes. Reservamos la nata de naranja en una manga pastelera.

5. Fundimos el chocolate negro al baño maría.

6. Rellenamos los huecos de los gofres con nata y chocolate intercalados. Terminamos con unas nueces pecanas picadas y unas hojas de menta.

LA VAINILLA ES ORIGINARIA DE MÉXICO,
AUNQUE UNA DE LAS MÁS APRECIADAS ES LA VAINILLA
BOURBON, CULTIVADA EN MADAGASCAR.

EN CASO DE NO TENER GOFRERA, SE PUEDEN COCINAR
LOS GOFRES EN MOLDES DE SILICONA Y AL HORNO,
COMO EN LA RECETA DE LOS GOFRES DE ESPINACAS Y SALMÓN
AHUMADO.

LA MERMELADA DE NARANJA AMARGA SE ELABORA CON
NARANJAS DE SEVILLA, AMARGAS Y MUY RICAS EN PECTINA.

BIZCOCHO DE LIMÓN

RACIONES

4 personas

TIEMPO DE PREPARACIÓN
75'

75 minutos

INGREDIENTES

200 g de azúcar moreno

180 ml de nata

180 g de harina

1 trozo de jengibre

1 cucharadita de impulsor

1 cucharadita de sal

3 huevos

Piel de limón

Mantequilla

Limón confitado

1 limón

150 g de azúcar

75 ml de agua

1. Para confitar el limón, lo cortamos con la piel en rodajas de medio centímetro de grosor.
2. Ponemos las rodajas en una sartén junto con el azúcar y el agua y lo dejamos cocinar durante 10 minutos para que se caramelice bien.
3. Retiramos las rodajas de limón y las colocamos encima de una rejilla para que se escurran y enfríen. Reservamos el almíbar para el final de la receta.
4. Para el bizcocho, mezclamos los huevos con el azúcar, la sal y la nata en un bol.
   TOQUE TORRES: potenciamos el sabor cítrico con un poco de jengibre.
5. Tamizamos la harina y el impulsor y los añadimos al bol junto con un poco de ralladura de piel de limón y el jengibre rallado. Mezclamos todo bien hasta obtener una masa homogénea.
6. Cortamos las rodajas de limón confitado en daditos y los incorporamos a la masa.
7. Engrasamos un molde rectangular con la mantequilla. Vertemos la masa de bizcocho y lo metemos en el horno a 160 ºC durante 40 minutos o hasta que pinchemos con una brocheta y nos salga limpia.
8. Dejamos enfriar el bizcocho antes de desmoldarlo. Lo cortamos en porciones y añadimos por encima el almíbar del confitado del limón.

PODEMOS TERMINAR EL BIZCOCHO CON UN GLASEADO. PARA ELLO, MEZCLAMOS AZÚCAR GLAS CON UN POCO DE ZUMO DE LIMÓN HASTA CONSEGUIR UNA PASTA QUE PONEMOS ENCIMA DEL BIZCOCHO Y LO METEMOS EN EL HORNO AÚN CALIENTE UNOS SEGUNDOS.

✹

LA PALABRA «BIZCOCHO» DERIVA DEL LATÍN *BISCOCTUS*, QUE SIGNIFICA «COCIDO DOS VECES». ENTONCES SE SECABAN EN EL HORNO UNA VEZ COCIDOS PARA QUE SE CONSERVARAN DURANTE MÁS TIEMPO.

ESPECIAL
YOGUR CASERO

1. El yogur es leche fermentada. Por eso empezamos calentando 1 litro de leche al fuego hasta que esté a 40 ºC, es decir, templada.
2. Añadimos un yogur a la leche y lo removemos bien. En el yogur comercial están los fermentos que actúan en la leche para transformarla.
3. Repartimos la mezcla en botes con tapa.

- Es muy importante que no calentemos la leche con el yogur a más de 45 ºC, ya que a partir de ahí las bacterias del yogur mueren.
- Para hacer yogures de sabores, podemos infusionar previamente la leche con otros ingredientes y dejarla enfriar hasta los 40 ºC.
- Para fermentar, necesitamos un sitio estanco y cálido en el que reposen los yogures durante 8 horas.

Opción 1: una olla con tapa
1. Hervimos agua, la tiramos y después ponemos los botes dentro de la olla aún caliente.
2. Tapamos y cubrimos con un paño de cocina grande para evitar que se enfríe demasiado rápido.

Opción 2: el horno
1. Encendemos el horno al mínimo, a unos 50 ºC, y metemos los tarros dentro, tapados con una manta.
2. Apagamos, cerramos el horno y los dejamos durante 8 horas.
3. Después de las 8 horas de fermentación, los ponemos en la nevera durante 3 horas más para que cojan la textura adecuada.

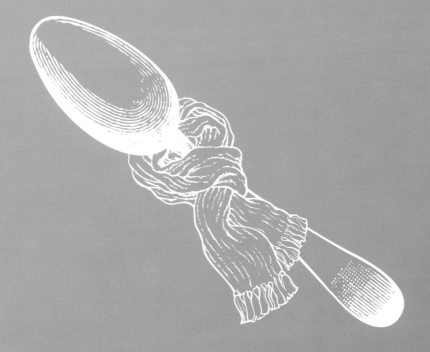

ABRAZO DE
INVIERNO

Comer con cuchara es sinónimo de hogar.
Recetas apetecibles que nos reconfortan y
nos llenan de energía.

SOPA DE AJO TORRES

RACIONES

2 personas

TIEMPO DE PREPARACIÓN

50 minutos

INGREDIENTES

750 ml de caldo
   de cocido
2 cabezas de ajo
80 g de jamón y su grasa
60 g de morcilla ahumada
4 huevos de codorniz
½ pimiento choricero
6 ajos tiernos
4 champiñones
1 rebanada de pan
2 cucharadas
   de tomate frito
1 cucharadita
   de pimentón
1 hoja de laurel
Queso manchego
Vinagre blanco
Aceite de oliva
Sal y pimienta

1. Antes de empezar, ponemos a hidratar el pimiento choricero en un bol con agua.
2. Envolvemos una de las cabezas de ajo en papel de aluminio y la asamos en el horno a 180 ºC durante 30 minutos o hasta que esté tierna.
3. Cortamos la otra cabeza por la mitad y rehogamos la parte inferior boca abajo en una olla con aceite de oliva. Añadimos una hoja de laurel, la grasa de jamón y la morcilla ahumada cortada en trozos.
4. Cuando se hayan dorado un poco, añadimos el pimiento choricero hidratado, el tomate frito y el pimentón.
   ✂ **TRUCO TORRES:** damos más aroma a la sopa usando la cáscara de los ajos asados.
5. Añadimos el caldo al sofrito junto con la pulpa y la cáscara de los ajos asados, rectificamos de sal y pimienta y dejamos cocinar unos 10 minutos.
6. Tostamos el pan, lo frotamos con un diente de ajo y lo cortamos en dados.
7. Abrimos los huevos de codorniz cortando la parte superior con un cuchillo afilado. Los escalfamos en agua hirviendo con sal y un poco de vinagre blanco durante 2 minutos. Después los escurrimos sobre un papel absorbente.
8. Colamos la sopa de ajo, la volvemos a poner al fuego y añadimos los ajos tiernos en aros. Dejamos que cocine un par de minutos.
9. Para emplatar, ponemos los huevos escalfados en el fondo del plato, repartimos el jamón y los champiñones cortados en dados y el pan tostado alrededor. Vertemos la sopa bien caliente y terminamos con queso manchego rallado al gusto.

ES MEJOR USAR GRASA DE JAMÓN IBÉRICO PORQUE ES MÁS SALUDABLE QUE LA DE CERDO BLANCO.

PODEMOS UTILIZAR AGUA EN LUGAR DE CALDO PARA UNA VERSIÓN MÁS SUAVE DE ESTA SOPA.

CREMA DE PUERRO Y JENGIBRE CON VIEIRAS

RACIONES

2 personas

TIEMPO DE PREPARACIÓN

30 minutos

INGREDIENTES

6 vieiras

1 puerro

2 patatas

150 ml de nata

100 ml de leche

10 hebras de azafrán

6 lonchas de papada
  ibérica curada

2 cucharadas de mantequilla

Jengibre fresco (al gusto)

Perifollo

Aceite de oliva

Sal y pimienta

1. Limpiamos el puerro y lo cortamos en juliana. Calentamos la mantequilla en una cazuela y sofreímos el puerro ligeramente, sin que coja color.

   ✗ **TRUCO TORRES:** utilizamos leche y nata para conseguir más cremosidad.

2. Cuando el puerro se haya ablandado, añadimos la patata cortada en trozos pequeños, el azafrán, la leche, la nata y el jengibre picado. Salamos, tapamos y dejamos cocinar a fuego medio hasta que la patata esté bien cocida (unos 15 minutos).

3. Trituramos la crema con la batidora o el robot. La textura final debe ser de crema; si queda demasiado espesa, añadimos un poco más de leche. Después colamos para eliminar cualquier fibra.

4. Salpimentamos las vieiras y, en una sartén muy caliente con unas gotas de aceite, las marcamos por las dos caras procurando que el centro quede rosado.

5. Emplatamos una base de crema de puerros y jengibre, las vieiras encima y las cubrimos con una lámina fina de papada ibérica curada. Terminamos con unas hojas de perifollo.

ESTA RECETA ES UNA VERSIÓN DE LA VICHYSSOISE,
UNA CREMA DE PUERRO, PATATA Y NATA.

⬛

EL JENGIBRE ES DIGESTIVO Y EFICAZ CONTRA
LAS NÁUSEAS Y LOS CATARROS.

⬛

EN LA EDAD MEDIA SE EXTENDIÓ EL CULTIVO
DEL PUERRO POR TODA EUROPA.

CREMA DE ALUBIAS CON CARABINEROS

RACIONES

2 personas

TIEMPO DE PREPARACIÓN

2 horas y 15 minutos
+ 12 horas de remojo

INGREDIENTES

300 g de alubias blancas
1 l de caldo de ave
1 cabeza de ajos
80 g de panceta curada
1 rama de tomillo
2 carabineros
100 ml de nata
½ cebolla morada
½ pepino
5 cucharadas de vinagre
Perifollo
Flores de romero
Aceite de oliva
Sal y pimienta

1. Antes de empezar con la receta pondremos las alubias en remojo durante 12 horas.

2. En una olla con un poco de aceite de oliva doramos ligeramente una cabeza de ajos cortada sólo por la parte superior. Añadimos también la panceta en un solo trozo y el tomillo.

3. Incorporamos las alubias escurridas a la olla, un poco de sal y cubrimos con el caldo de ave frío. Llevamos a ebullición, bajamos el fuego al mínimo y dejamos cocer durante 2 horas.

4. Sacamos bolitas del pepino y cortamos la cebolla morada en juliana. Los ponemos en un bol con tres cucharadas de vinagre, un poco de agua para cubrir y sal.

5. Separamos las cabezas y pelamos los carabineros. Apretamos las cabezas para sacar el jugo de su interior y lo reservamos.

6. Con las alubias cocidas, retiramos el tomillo, los ajos y la panceta, que reservamos. Trituramos las alubias con la nata, el jugo de las cabezas de los carabineros, el aceite de oliva, un poco de pimienta y dos cucharadas de vinagre hasta tener una crema fina.

   TOQUE TORRES: preparamos un aceite de carabineros para terminar el plato.

7. Ponemos las cabezas en un cazo cubiertas con aceite de oliva, calentamos y dejamos que se doren unos minutos. Después colamos con un paño o una estameña.

8. Pelamos los cuerpos de los carabineros y los marcamos en una sartén muy caliente con unas gotas de aceite.

9. Emplatamos la crema en el centro, el carabinero cortado por los anillos a un lado, las verduras encurtidas encima del carabinero y la panceta en daditos encima de la crema. Terminamos con el aceite de las cabezas de carabinero, unas flores de romero y unas hojas de perifollo.

EL ACEITE DE CARABINERO SE CONSERVA DURANTE SEMANAS EN EL FRIGORÍFICO Y PUEDE SERVIRNOS PARA ALIÑAR OTROS PLATOS.

CURRY DE VERDURAS

RACIONES

2 personas

TIEMPO DE PREPARACIÓN

20 minutos

INGREDIENTES

Verduras variadas
  de temporada

½ cebolla

1 diente de ajo

2 tomates rallados

200 ml de caldo de verduras

150 ml de leche de coco

Jengibre

Cilantro

Mantequilla

Aceite de oliva

Sal

Curry casero

½ cucharadita
  de semillas de comino

½ cucharadita
  de semillas de hinojo

1 cucharadita de coriandro

1 cucharadita de cúrcuma

½ cucharadita
  de guindilla molida

Pimienta en grano

1. Para la salsa de curry empezamos picando la cebolla y sofriéndola en una cazuela con un poco de aceite. Cuando esté transparente, añadimos un trozo de jengibre y el diente de ajo picado.

✕ **TRUCO TORRES:** preparamos nuestro propio curry casero.

2. En un mortero molemos las especias hasta tener una mezcla homogénea.

3. Añadimos la mezcla de especias al sofrito y cortamos la cocción con el tomate rallado. Cuando haya reducido un poco, añadimos el caldo de verduras y la leche de coco y dejamos que se cocine unos 5 minutos.

4. Mientras tanto cortamos las verduras en formas variadas. Las sofreímos ligeramente en una cazuela con una nuez de mantequilla y un poco de sal.

5. Colamos la salsa de curry encima de las verduras y dejamos al fuego hasta que estén tiernas, entre 5 y 10 minutos.

6. Servimos con un poco de cilantro picado por encima.

ESTA RECETA ADMITE TODO TIPO DE VERDURAS, COMO COLIFLOR, BRÓCOLI, ZANAHORIA, CHIRIVÍA, NABO, PATATA Y JUDÍA VERDE, ENTRE OTRAS.

✖

LAS VERDURAS DE COCCIÓN MÁS LARGA TENDREMOS QUE CORTARLAS MÁS PEQUEÑAS.

✖

PODEMOS APROVECHAR LOS RESTOS DE LAS VERDURAS PARA HACER EL CALDO; EN 30 MINUTOS ESTARÁ LISTO.

CALLOS VEGETALES

RACIONES

2 personas

TIEMPO DE PREPARACIÓN

40 minutos

+ 2 horas para enfriar la morcilla

INGREDIENTES

2 setas coliflor secas

60 g de setas oreja de Judas secas

6 setas shiitake secas

150 g de garbanzos cocidos

½ cebolla – 2 dientes de ajo

1 guindilla – 1 ñora

2 tomates

150 ml de caldo de verduras

Tomillo y laurel

1 rebanada de pan

Un puñado de avellanas

Aceite de oliva

Sal

Morcilla vegana

350 g de frijoles cocidos

80 g de arroz cocido

50 g de harina de fuerza

½ cebolla

1 cucharadita de ajo seco

1 cucharadita de pimentón de la Vera

1. Para la morcilla vegana, cocemos el arroz en agua y sal durante unos 16 minutos o hasta que esté bien cocido.

2. Rehogamos la cebolla picada en una sartén con un poco de aceite de oliva. Cuando esté sofrita, añadimos el pimentón de la Vera y retiramos del fuego.

3. Trituramos los frijoles con un poco del agua de la cocción y los mezclamos con el sofrito de cebolla, el ajo seco en polvo, el arroz cocido y la harina hasta que estén todos los ingredientes bien integrados. Envolvemos la masa con papel film para darle forma, la cocemos en agua hirviendo durante 20 minutos y la enfriamos en la nevera.

4. Antes de empezar con el guiso, ponemos la ñora a remojar en agua, rehidratamos las setas secas en agua por separado y asamos unos tomates envueltos en papel de aluminio en el horno a 180 °C durante unos 20 minutos.

5. Para el guiso, doramos los ajos pelados, el pan cortado en dados y unas avellanas en una cazuela con un poco de aceite de oliva. Cuando estén listos, los retiramos a un mortero y los machacamos hasta obtener una pasta.

6. Picamos la cebolla y la rehogamos en la misma cazuela. Añadimos la guindilla, una hoja de laurel y el tomillo, y dejamos que sofría bien. Agregamos la pulpa de ñora, el pimentón de la Vera y el tomate asado en trozos y dejamos reducir un poco.

   🍴🍴 **TOQUE TORRES:** simulamos los callos con setas que tienen una textura similar.

7. Añadimos las setas escurridas y cortadas en trozos a la cazuela junto con los garbanzos cocidos y mojamos con el caldo de verduras. Añadimos el majado y dejamos cocinar unos minutos.

8. Sacamos la morcilla vegana de la nevera y la cortamos en rodajas. La marcamos en una sartén bien caliente con unas gotas de aceite de oliva.

9. Servimos los callos en la misma cazuela, con la morcilla marcada por encima y un poco de aceite de oliva en crudo.

ARROZ DE CODORNICES Y SETAS

RACIONES

2 personas

TIEMPO DE PREPARACIÓN

40 minutos

INGREDIENTES

140 g de arroz bomba

2 codornices

80 g de trompetas de la muerte secas

40 g de panceta curada

2 chalotas

1 diente de ajo

50 ml de vino rancio

600 ml de caldo de ave

1 rama de tomillo y romero

Cebollino

Limón (opcional)

Aceite de oliva

Sal y pimienta

1. Antes de empezar, ponemos a rehidratar las trompetas de la muerte en un bol con agua durante 1 hora.

2. Limpiamos las codornices, separamos los muslos cortando por la articulación y sacamos las pechugas. Troceamos las carcasas y separamos las alitas.

3. Preparamos un caldo dorando las carcasas y las alitas en una olla con aceite de oliva. Cuando estén bien doradas, añadimos una chalota en juliana, un diente de ajo con la piel y una rama de romero.

   TOQUE TORRES: aprovechamos el agua de rehidratar las setas para potenciar el caldo.

4. Mojamos con parte del agua de remojo de las setas y parte del caldo de ave. Dejamos cocinar mientras preparamos el sofrito del arroz.

5. Para el sofrito, doramos los muslos de codorniz con la panceta en dados en una cazuela con un poco de aceite de oliva. Cuando estén dorados, añadimos una chalota picada y una rama de tomillo y dejamos que se sofría bien. Ponemos el vino rancio y dejamos evaporar

6. Añadimos el arroz, un poco de sal y nacaramos bien para que el grano quede sellado. Mojamos con el caldo y añadimos las setas escurridas. Dejamos cocinar 18 minutos.

7. Salpimentamos las pechugas y las doramos en una sartén con aceite de oliva: las ponemos por la parte de la piel y, cuando esté bien crujiente, les damos la vuelta y terminamos de cocinar.

8. Servimos el arroz en platos hondos, escalopamos las pechugas y las repartimos encima del arroz. Terminamos con unas gotas de limón (opcional) y cebollino picado.

LAS TROMPETAS DE LA MUERTE SON RICAS EN PROTEÍNAS Y EN MINERALES COMO EL ZINC.

✖

EL VINO RANCIO ES UN VINO ENVEJECIDO DE FORMA ACELERADA. SE PUEDE SUSTITUIR POR UN VINO DE JEREZ.

ARROZ CALDOSO DE PICANTÓN Y ACEITUNAS MUERTAS

RACIONES

2 personas

TIEMPO DE PREPARACIÓN

45'

45 minutos

INGREDIENTES

200 g de arroz
1 picantón
¼ de pimiento rojo
2 tomates triturados
1 diente de ajo
1 cucharadita de pimentón de la Vera
1 cucharada de vino rancio
10 aceitunas muertas
Cebollino
Aceite de oliva
Sal y pimienta

Caldo

1 carcasa de picantón
2 chalotas
1,2 l de agua

1. El primer paso es hacer un caldo con la carcasa del picantón. Para ello separamos las pechugas, las alas y los muslos y cortamos la carcasa en trozos con unas tijeras. También podemos pedir en la carnicería que nos lo preparen.
2. En una olla con aceite doramos la carcasa. Añadimos las chalotas cortadas en juliana, rehogamos ligeramente y cubrimos con agua. Dejamos cocinar a fuego lento una media hora.
3. Para el arroz, salpimentamos los muslos y las alas y los doramos en una cazuela alta con aceite de oliva y un ajo en camisa. Añadimos el pimiento rojo picado y dejamos sofreír hasta que se ablande.
TOQUE TORRES: este arroz lleva vino rancio.
4. Agregamos el pimentón de la Vera y cortamos la cocción con el vino rancio y el tomate triturado. Dejamos que el agua del tomate se evapore y quede un sofrito concentrado.
5. Añadimos entonces el arroz y mojamos con el caldo. No es necesario poner todo el caldo de golpe, vamos mojando a medida que se seque. Rectificamos de sal y dejamos que el arroz se cocine durante 15 minutos.
6. Con el arroz casi a punto, salpimentamos las pechugas del picantón y las hacemos a la brasa, empezando por la parte de la piel.
7. En el último minuto añadimos las aceitunas deshuesadas al arroz y un poco más de caldo para que quede caldoso. Removemos y retiramos del fuego.
8. Escalopamos las pechugas y las servimos encima del arroz. Terminamos con un poco de cebollino picado.

EL VINO RANCIO SE USA GENERALMENTE EN GUISOS. SE PUEDE SUSTITUIR POR UN VINO DE JEREZ.

ESTE ARROZ TAMBIÉN PUEDE PREPARARSE DE LA MISMA FORMA CON PICHÓN EN LUGAR DE CON PICANTÓN.

LA PECHUGA SE PUEDE COCINAR EN UNA PLANCHA O SARTÉN, PERO SIEMPRE HAY QUE EMPEZAR POR LA PARTE DE LA PIEL, QUE PROTEGE E HIDRATA LA CARNE.

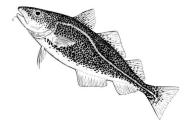

TRINXAT DE BACALAO

RACIONES

2 personas

TIEMPO DE PREPARACIÓN

40 minutos

INGREDIENTES

2 patatas

½ col

150 g de bacalao desalado

1 diente de ajo

½ cebolla

80 g de panceta curada

6 lonchas de papada ibérica

Tomillo

Aceite de oliva

Sal y pimienta

1. Pelamos y cortamos las patatas en trozos regulares. Limpiamos y cortamos la col en una juliana gruesa.

2. Hervimos las patatas y la col en agua con sal y una rama de tomillo durante una media hora o hasta que estén bien cocidas.

3. Cortamos la panceta en dados y la doramos en una sartén con aceite. Cuando haya soltado parte de la grasa, añadimos la cebolla y el ajo picados y dejamos sofreír a fuego suave unos minutos.

4. Escurrimos las patatas y la col, las machacamos con un tenedor (no importa que quede algún trozo) y rectificamos de sal y pimienta.

5. Picamos el bacalao y lo incorporamos al puré. Añadimos también el sofrito y mezclamos bien.

6. Doramos el puré en una sartén con aceite de oliva sin remover. Le damos la vuelta como si fuera una tortilla y doramos por la otra cara.

7. Retiramos el *trinxat* a un plato sin que pierda la forma y lo cubrimos con lonchas muy finas de papada curada.

EL *TRINXAT* ES UN PLATO TÍPICO DEL PIRINEO CATALÁN QUE SE ELABORA CON PATATA, COL DE INVIERNO Y PANCETA.

PODEMOS PREPARAR ESTE PLATO CON REPOLLO O CON COL DE INVIERNO, QUE TIENE UN SABOR MÁS INTENSO.

PARA DESALAR LAS PUNTAS DE BACALAO ES SUFICIENTE CON UNAS HORAS. LA MEJOR FORMA DE ACERTAR EL PUNTO ES IR PROBANDO.

CREMA DE FABADA ASTURIANA CON RAVIOLIS DE NABO

RACIONES

4 personas

TIEMPO DE PREPARACIÓN (105')

90 minutos para la fabada
15 minutos para la crema

INGREDIENTES

Fabada

500 g de fabas asturianas
150 g de lacón y de panceta
  salada
1 chorizo y morcilla de cebolla
1 cebolla
3 dientes de ajo
1 cucharadita
  de pimentón de la Vera
10 hebras de azafrán
1 rama de perejil
Aceite de oliva, sal y pimienta
Pan tostado
Brotes tiernos

Crema

1 nabo
1 chalota
60 g de trompetas
  de la muerte rehidratadas
100 ml de nata
2 cucharadas de vinagre blanco
Zumo de limón
1 diente de ajo
Aceite de oliva, sal y pimienta

1. Para la fabada, tenemos las fabas en remojo y las carnes desalando en agua durante 12 horas.

2. En una olla ponemos las fabas con el agua de remojo, las carnes, media cebolla, dos dientes de ajo, el pimentón, el perejil y un poco de sal. Llevamos a ebullición, bajamos el fuego al mínimo y dejamos cocinar 90 minutos o hasta que las alubias estén tiernas. Es importante ir desespumando la superficie durante este tiempo.

3. Cuando falten 15 minutos para terminar, hacemos un sofrito con la otra mitad de la cebolla y un diente de ajo picados y el azafrán. Lo añadimos a la cazuela y rectificamos de sal y pimienta.

4. Para la crema, trituramos unos 150 gramos de fabas y 250 mililitros del caldo junto con la nata, el vinagre y unas gotas de limón.

5. Por otro lado, en una sartén con aceite salteamos la chalota y el ajo picados con un poco de sal, incorporamos las setas bien escurridas y, una vez bien salteado, añadimos parte de la morcilla y el lacón picados.

6. Cortamos con un pelador el nabo en láminas finas a lo largo y lo escaldamos en agua hirviendo durante 30 segundos.
   ✂ **TRUCO TORRES:** con esta técnica los raviolis quedan perfectos.

7. Disponemos las láminas de nabo en cruz, ponemos un poco del salteado de setas en medio y cerramos como si fuera un paquete, primero las puntas de la lámina inferior y luego la superior.

8. Ponemos los raviolis de nabo en el fondo de un plato, añadimos unos dados de pan crujiente y unos brotes. Repartimos la crema de fabada alrededor.

NO HAY QUE REMOVER NUNCA LA FABADA CON UNA CUCHARA, ES SUFICIENTE CON MOVER LA CAZUELA EN VAIVÉN.

LAS FABAS SON DE LA VARIEDAD GRANJA ASTURIANA, SE PRODUCEN SÓLO EN ASTURIAS Y TIENEN INDICACIÓN GEOGRÁFICA PROTEGIDA.

LENTEJAS VEGETARIANAS

RACIONES

4 personas

TIEMPO DE PREPARACIÓN

40 minutos

INGREDIENTES

500 g de lentejas de Puy

1 cebolleta

1 zanahoria

1 cabeza de ajos

1 tomate pera

1 rama de canela

2 dientes de ajo

1 cucharadita
de pimentón de la Vera

2 cucharadas
de vinagre de Jerez

2 piparras

Aceite de oliva

Sal

Arroz

250 g de arroz vaporizado

1 nabo

1 calabacín

1 zanahoria

1 hoja de laurel

Aceite de oliva

Sal

1. Para las lentejas, doramos la cabeza de ajos (a la que hemos cortado la parte superior) en una olla con un poco de aceite de oliva.

   TOQUE TORRES: usamos canela para aromatizar las lentejas.

2. Añadimos las verduras limpias y enteras, la rama de canela y, finalmente, las lentejas. Cubrimos con agua, salamos y dejamos cocinar a fuego suave unos 25 minutos hasta que la legumbre esté lista.

3. Para el arroz, empezamos cortando la zanahoria y el nabo en dados y sacamos unas bolas de calabacín con un sacabolas.

4. Lavamos bien el arroz y lo ponemos en otra cazuela con un poco de aceite de oliva, añadimos las verduras cortadas, una hoja de laurel, sal y el doble de agua que de arroz. Lo cocemos durante 16 minutos.

5. Cuando las lentejas estén listas, retiramos la canela y, en un vaso de batidora, trituramos las verduras enteras y la pulpa de un par de dientes de ajo cocidos junto con un par de cucharones de caldo y algunas lentejas para espesar.

6. Volvemos a añadir el batido a la olla y removemos bien para que se integre.

7. En una sartén, doramos los dos dientes de ajo muy picados y, cuando empiecen a tomar color, añadimos el pimentón y, ya fuera del fuego, agregamos enseguida el vinagre. Vertemos el refrito en las lentejas.

8. Por último, juntamos el arroz con las lentejas, removemos para que se integren y las servimos con unas piparras en rodajas por encima y un chorro de aceite de oliva en crudo.

LAS LENTEJAS Y EL ARROZ SE COMPENSAN EN LISINA Y METIONINA Y ASÍ SUMAN TODOS LOS AMINOÁCIDOS ESENCIALES PARA FORMAR UNA PROTEÍNA COMPLETA.

LA LENTEJA DE PUY ES PEQUEÑA, DE COLOR VERDE Y TIENE UN SABOR FINO Y DULZÓN. EN SU LUGAR TAMBIÉN PODEMOS USAR LENTEJAS PARDINAS.

POCHAS CON RAPE

RACIONES

4 personas

TIEMPO DE PREPARACIÓN

45 minutos

INGREDIENTES

500 g de pochas
300 g de rape
50 g de panceta curada
½ cebolla
½ pimiento verde
½ puerro
1 zanahoria
4 dientes de ajo
1 tomate
1 guindilla
80 g de morcilla
1 cebolleta
2 piparras
1 rama de tomillo
Cebollino
Aceite de oliva
Sal

1. Doramos la panceta en dados en una olla con aceite de oliva. Añadimos la cebolla, la zanahoria, el puerro y el pimiento verde picados, una rama de tomillo y un diente de ajo entero y pelado. Rehogamos bien todo el conjunto.

2. Añadimos las pochas frescas junto con un tomate entero, cubrimos con agua (un dedo por encima de las pochas) y tapamos con un disco de papel de horno. Llevamos a ebullición, bajamos el fuego al mínimo y dejamos cocer 30 minutos.

3. Una vez cocidas, retiramos el tomate y el ajo a un vaso para batidora. Añadimos un par de cucharones de pochas y trituramos. Echamos la mezcla a la olla, lo integramos bien con las pochas y dejamos unos 5 minutos más a fuego lento.

4. En una sartén, doramos tres dientes de ajo en láminas y la guindilla. Antes de que el ajo tome color, añadimos el rape cortado en dados y salteamos a fuego fuerte.
👨‍🍳 **TOQUE TORRES:** combinamos las pochas y el rape con morcilla.

5. En otra sartén, con unas gotas de aceite, doramos unas rodajas de morcilla por las dos caras.

6. Añadimos el rape salteado a las pochas junto con la parte verde de la cebolleta en juliana. Emplatamos el conjunto en un plato hondo y terminamos con la morcilla, las piparras en rodajas y cebollino picado.

LAS POCHAS SON UN TIPO DE ALUBIAS QUE SE NO SE DEJAN SECAR. SE RECOGEN EN SEPTIEMBRE Y OCTUBRE; FUERA DE ESTOS MESES SE PUEDEN ENCONTRAR CONGELADAS.

✱

EL RAPE NEGRO ES DE MEJOR CALIDAD Y SE DISTINGUE POR UNA MEMBRANA NEGRA QUE ENVUELVE EL INTESTINO, EN LA ZONA DE LA VENTRESCA.

✱

ALGUNOS TIPOS DE MORCILLA PUEDEN LLEVAR GLUTEN O LACTOSA; SI ES ASÍ, SE INDICARÁ EN EL ETIQUETADO.

GUISO DE SEPIA

RACIONES

2 personas

TIEMPO DE PREPARACIÓN

20'

20 minutos

INGREDIENTES

1 sepia de unos 400 g
Las huevas de la sepia
   (opcional)
½ pimiento rojo
100 g de edamame
10 tirabeques
1 cebolla
3 dientes de ajo
1 guindilla
60 ml de vino blanco
200 ml de caldo de pescado
40 ml de salsa de soja
1 cucharada de harina
1 cucharadita
   de pimentón de la Vera
½ cucharadita de comino
1 rama de tomillo limón
Cebollino
Aceite de oliva
Sal y pimienta

1. Limpiamos la sepia, reservamos el cuerpo y troceamos los tentáculos. Si tiene huevas y las queremos añadir al guiso, las troceamos.

2. Doramos los tentáculos en una cazuela con aceite de oliva junto con la cebolla y el ajo picados, la guindilla y el tomillo limón.

3. Añadimos la harina y rehogamos 1 minuto sin dejar de remover. Incorporamos el pimentón y el comino y cortamos la cocción con el vino blanco.

4. Cuando parte del alcohol del vino se haya evaporado, añadimos el caldo de pescado, salpimentamos, tapamos la cazuela y dejamos cocinar a fuego lento unos 5 minutos.

   ✂ **TRUCO TORRES:** hacemos unos cortes en la sepia para que al saltearla se rice.

5. En la parte interior de la sepia hacemos unos cortes superficiales en forma de rejilla y después la cortamos en trozos medianos.

6. Cortamos el pimiento en bastones y los tirabeques en tres trozos con cortes en diagonal.

7. Calentamos un wok o una sartén de fondo grueso, ponemos un poco de aceite y salteamos la sepia. Añadimos enseguida el pimiento, los tirabeques y el edamame desgranado. Seguimos salteando y, cuando todo esté dorado, agregamos la salsa de soja y retiramos del fuego.

8. Pasamos el contenido del wok al guiso de los tentáculos, removemos para que se integre bien y servimos con cebollino picado por encima.

LAS HUEVAS SON UNAS GLÁNDULAS DE LAS SEPIAS HEMBRA;
SON MUY APRECIADAS EN EL SUR DE ESPAÑA.

❉

EL EDAMAME ES SOJA FRESCA; SE PUEDE SUSTITUIR
POR GUISANTES O HABITAS.

❉

LA SALSA DE SOJA MÁS HABITUAL SE ELABORA
CON SOJA Y TRIGO. LAS PERSONAS CELÍACAS PUEDEN
USAR *TAMARI*, QUE SE ELABORA SÓLO CON SOJA.

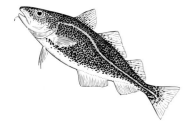

BACALAO CONFITADO CON ALUBIAS

RACIONES

2 personas

TIEMPO DE PREPARACIÓN

20 minutos

INGREDIENTES

300 g de lomo de bacalao

500 ml de aceite de oliva suave

3 dientes de ajo

80 g de morro
   de ternera cocido

200 g de alubias
   de Santa Pau cocidas

1 chalota

2 ajos tiernos

70 g de perrechicos

4 espárragos verdes

1 rama de tomillo

1 rama de romero

Cebollino

Perifollo

Aceite de oliva

Sal y pimienta

1. Calentamos el aceite de oliva suave en un cazo hasta los 70-80 °C, es decir, hasta que esté caliente pero no hierva. Añadimos los dientes de ajo con la piel, el tomillo, el romero y el lomo de bacalao. Bajamos el fuego al mínimo y dejamos que confite durante 10 minutos.

   TOQUE TORRES: combinamos el bacalao con el morro de ternera, de textura gelatinosa.

2. Para el salteado de alubias, cortamos el morro de ternera cocido en dados pequeños y los doramos en una sartén con aceite de oliva.

3. Picamos muy fino la chalota y los ajos tiernos, los añadimos a la careta y salteamos bien. A continuación, agregamos los perrechicos limpios y los espárragos en rodajas.

4. Cuando las setas estén salteadas, añadimos las alubias cocidas y removemos bien para que se integren los sabores. Rectificamos de sal y pimienta y reservamos.

5. Retiramos el bacalao y buena parte del aceite, dejando la gelatina que ha soltado el lomo y un poco de aceite, que pasamos a una cazuela ancha.

6. Con un colador, removemos el aceite con la gelatina hasta que ligue y obtengamos un pilpil.

7. Ponemos el bacalao en la cazuela con el pilpil y repartimos el salteado de alubias alrededor. Un poco de cebollino y perifollo picados por encima darán color y un toque fresco.

LAS ALUBIAS DE SANTA PAU TIENEN DENOMINACIÓN DE ORIGEN PROTEGIDA. SE CULTIVAN EN EL INTERIOR DE CATALUÑA Y SON PEQUEÑAS, MANTECOSAS Y DE PIEL MUY FINA.

LA GELATINA DEL BACALAO SE CONCENTRA EN LA PIEL Y SE LIBERA CON EL CALOR SUAVE DEL CONFITADO.

EL PERRECHICO ES UNA DE LAS SETAS DE PRIMAVERA MÁS APRECIADAS. FUERA DE TEMPORADA PODEMOS SUSTITUIRLAS POR REBOZUELOS O SETAS DE CULTIVO.

HUEVO DE OTOÑO

RACIONES

2 personas

TIEMPO DE PREPARACIÓN

40 minutos

INGREDIENTES

2 huevos

2 patatas

3 tupinambos

100 ml de nata

40 g de mantequilla

20 rebozuelos

60 g de panceta curada

30 g de piñones

2 boletus

1 cucharada
   de vinagre de Jerez

3 cucharadas
   de vinagre blanco

1 chalota

Tomillo limón

Aceite de oliva

Sal y pimienta

1. Limpiamos las patatas y los tupinambos y los cocemos, enteros con la piel, en abundante agua con sal durante 20-30 minutos o hasta que estén bien cocidos.

2. Pelamos los tubérculos cocidos y los trituramos con la batidora o el robot junto con la nata y la mantequilla hasta obtener una crema muy fina. Rectificamos de sal y pimienta y reservamos.

3. Cortamos la panceta en dados y la doramos en una sartén con unas gotas de aceite de oliva. Añadimos los rebozuelos limpios y enteros, la chalota picada, un poco de tomillo limón, sal y pimienta, y salteamos unos minutos.

   TOQUE TORRES: desglasamos el salteado con vinagre.

4. Cuando las setas estén salteadas, añadimos una cucharada de vinagre y retiramos enseguida del fuego.

5. Calentamos agua con tres cucharadas de vinagre blanco y cuando hierva echamos el huevo cascado, bajamos el fuego y dejamos que se cocine unos minutos hasta que tenga la clara cuajada y la yema aún líquida. Después lo retiramos con una espumadera y lo dejamos escurrir encima de papel absorbente.

6. Cortamos el boletus limpio en láminas muy finas con un cuchillo o una mandolina.

7. En un plato hondo ponemos una base de la crema de tubérculos, encima el huevo escalfado, repartimos el salteado alrededor del huevo y terminamos con unos piñones, las láminas de boletus en crudo y un poco de aceite de oliva por encima.

EL TUPINAMBO SE CONOCE TAMBIÉN COMO PATACA O ALCACHOFA DE JERUSALÉN. SE PUEDE SUSTITUIR POR NABO U OTRO TUBÉRCULO.

EL BOLETUS ES UNA DE LAS SETAS QUE SE PUEDEN CONSUMIR EN CRUDO, COMO LA ORONJA. SI NO ENCONTRAMOS, PODEMOS USAR CHAMPIÑÓN PORTOBELLO.

ALBÓNDIGAS DE SECRETO CON JAMÓN

 TRUCO TORRES: preparamos un caldo de jamón a partir de uno de ave.

1. Empezamos calentando el caldo de ave con los huesos de jamón para que infusione.

2. Ponemos la rebanada de pan a remojar en la leche y picamos el jamón en daditos.

3. Para el sofrito, en una cazuela amplia con aceite de oliva pochamos la cebolla picada con el tomillo. Cuando esté tierna, añadimos el tomate triturado entero, un poco de sal y dejamos que reduzca hasta que haya perdido el agua y esté brillante.

4. En un bol ponemos el secreto picado (podemos pedirlo así en la carnicería), el jamón, el ajo picado, la miga de pan bien escurrida, un poco de sal y pimienta. Mezclamos bien con las manos limpias hasta que todos los ingredientes estén bien integrados.

5. Formamos albóndigas con las manos, las enharinamos y doramos en una sartén con aceite de oliva. A medida que estén doradas, las incorporamos al sofrito.

6. Añadimos el caldo de jamón a las albóndigas con el sofrito y dejamos cocinar 10-15 minutos, hasta que estén bien cocidas. Cuando falten un par de minutos, incorporamos las setas limpias.

7. Emplatamos las albóndigas con la salsa, las setas y un poco de cebollino picado por encima.

RACIONES

4 personas

TIEMPO DE PREPARACIÓN

 30'

30 minutos

INGREDIENTES

300 g de secreto de cerdo ibérico

100 g de jamón ibérico

1 rebanada de pan

60 ml de leche

100 g de setas shiitake

1 diente de ajo

1 cebolla

2 tomates triturados

2 trozos de hueso de jamón

300 ml de caldo de ave

1 rama de tomillo

Harina

Cebollino

Aceite de oliva

Sal y pimienta

LA PALABRA «ALBÓNDIGA» VIENE DEL ÁRABE *AL-BUNDUGA* (BOLA). FUERON LOS ÁRABES LOS QUE INTRODUJERON ESTA PREPARACIÓN EN ESPAÑA.

DE LAS GRASAS DE ORIGEN ANIMAL, LA DEL CERDO IBÉRICO ES UNA DE LAS MÁS CARDIOSALUDABLES.

EL SHIITAKE ES UNA SETA DE CULTIVO Y LA SEGUNDA MÁS CONSUMIDA EN EL MUNDO. SE PUEDE SUSTITUIR POR CHAMPIÑONES U OTRAS SETAS DE CULTIVO.

PALETILLA DE CORDERO AL CURRY

RACIONES

2 personas

TIEMPO DE PREPARACIÓN

1 hora y 15 minutos

INGREDIENTES

2 paletillas
de cordero lechal

100 g de tirabeques

500 g de sal gruesa

2 cucharaditas de curry

½ cucharadita de comino

1 cucharadita de canela

1 cucharadita de cúrcuma

4 ramas de canela

4 ramas de romero

Salsa korma

1 cebolla

1 diente de ajo

1 guindilla

10 anacardos

½ cucharadita de jengibre

½ cucharadita
de nuez moscada

1 trozo de cúrcuma fresca

100 ml de leche de coco

150 ml de caldo de ave

Aceite de oliva y sal

1. Hacemos una marinada mezclando la sal con el curry, el comino, la cúrcuma y la canela en polvo.

2. Ponemos una base de marinada en una fuente, encima las paletillas y las cubrimos con el resto de la marinada. Las dejamos reposar durante 20 minutos.

3. Una vez marinadas, las limpiamos bajo el grifo para eliminar los restos de sal. Ponemos las ramas de canela y romero en una bandeja para horno y, encima, las paletillas, que untamos con aceite de oliva. Vertemos un poco de agua en la bandeja y horneamos a 180 ºC durante 45 minutos hasta que estén doradas.

4. Para la salsa korma, machacamos las especias y los anacardos en un mortero. Cuando tengamos una pasta fina, añadimos el caldo de ave y mezclamos bien.

5. Sofreímos la cebolla y el ajo picados con la guindilla en una cazuela con aceite de oliva. Cuando estén sofritos, añadimos el majado y la leche de coco y dejamos cocer 5 minutos. Después colamos la salsa y reservamos.

6. Salteamos los tirabeques en una sartén con aceite de oliva durante 1 minuto [tienen que quedar crujientes].

7. Para emplatar, ponemos los tirabeques en la base del plato, rociamos con la salsa korma y ponemos la paletilla encima.

LA SALSA KORMA ES MÁS SUAVE DE SABOR Y MENOS PICANTE QUE LOS CURRIS HABITUALES.

❋

LOS ANACARDOS SON ORIGINARIOS DEL AMAZONAS Y LLEGARON A LA INDIA EN EL SIGLO XVI. DESDE ENTONCES SE USAN EN MUCHAS RECETAS HINDÚES.

❋

CON EL MARINADO LA CARNE COGE EL PUNTO JUSTO DE SAL.

MANITAS DE CERDO A LA RIOJANA

RACIONES

2 personas

TIEMPO DE PREPARACIÓN

2 horas

INGREDIENTES

2 manitas de cerdo

2 patatas

1 chorizo picante

80 g de jamón

1 cebolla

½ pimiento rojo

3 dientes de ajo

3 cucharadas de tomate frito

1 pimiento choricero hidratado

1 guindilla

400 ml de caldo de ave

Romero y tomillo

1 rama de romero

Aceite de oliva

Sal y pimienta

Hierbas aromáticas

1. Salpimentamos las manitas de cerdo y las ponemos en una bandeja de horno con papel sulfurizado.
2. Picamos el tomillo y el romero y lo mezclamos con aceite de oliva. Untamos las manitas con este aceite de hierbas, vertemos un poco de agua en la bandeja y las metemos al horno a 190 °C durante una hora y media.
3. Sofreímos los ajos picados en una cazuela con aceite de oliva. Antes de que cojan color, añadimos la cebolla y el pimiento rojo picados, una rama de romero y la guindilla, y lo sofreímos unos minutos.
4. Cuando la cebolla se haya ablandado, añadimos el jamón y el chorizo cortados en dados, la pulpa del pimiento choricero y, seguidamente, el tomate frito.
5. Cortamos las patatas en dados y las añadimos a la cazuela. Cubrimos con el caldo y dejamos cocinar 15 minutos hasta que la patata esté cocida.
6. Deshuesamos las manitas de cerdo y las cortamos en trozos. Las añadimos al guiso cuando las patatas estén casi a punto y lo dejamos a fuego medio unos minutos para que se integren bien y ligue la salsa.
7. Servimos el guiso con hierbas aromáticas picadas por encima.

LAS MANITAS DE CERDO SE COMPONEN MAYORITARIAMENTE
DE COLÁGENO Y SON BAJAS EN GRASA.

LAS MANITAS DEBEN DESHUESARSE CUANDO ESTÁN TIBIAS;
UNA VEZ FRÍAS, LA CARNE SE PEGA AL HUESO.

LOS PLATOS A LA RIOJANA TIENEN EN COMÚN
EL USO DE PIMENTÓN Y PIMIENTO, ABUNDANTE
EN LA HUERTA DE LA RIOJA.

PANCETA CRUJIENTE

RACIONES

2 personas

TIEMPO DE PREPARACIÓN

385'

6 horas y 25 minutos

INGREDIENTES

600 g de panceta fresca

4 patatas agrias

1,5 kg de sal gorda

750 g de azúcar

200 g de pimentón

1 cucharada de mantequilla

Pimienta negra en grano

1 hoja de laurel

Tomillo

Romero

Aceite de oliva

Sal y pimienta

1. Mezclamos la sal con el azúcar, el pimentón y el tomillo picado para preparar la marinada. Ponemos un poco de la mezcla en la base de una fuente, el trozo de panceta encima y cubrimos con el resto de la marinada. Dejamos que haga efecto durante dos horas y media.

2. Una vez marinada, retiramos la panceta y la lavamos bien bajo el grifo para eliminar cualquier resto de sal.

3. Ponemos una olla al fuego con agua, pimienta negra en grano, una hoja de laurel y la panceta limpia con la piel hacia arriba. Dejamos cocinar a fuego lento durante 3 horas para que quede bien tierna.

    ✕ **TRUCO TORRES:** damos dos cocciones a la panceta para que esté jugosa y crujiente.

4. Una vez cocida, la retiramos de la olla y la dejamos enfriar un poco. Calentamos unas gotas de aceite de oliva en una sartén y ponemos la panceta entera por la parte de la piel. Colocamos un peso encima, que puede ser una tapa u otra sartén más pequeña, y llevamos al horno precalentado a 190 °C, donde la dejamos 45 minutos para que quede bien crujiente.

5. Para el *rösti*, pelamos y cortamos las patatas en tiras muy finas. Calentamos una sartén con un poco de aceite de oliva y repartimos las patatas por toda la superficie, salpimentamos y añadimos tomillo y romero picados. Dejamos que se dore a fuego moderado unos 5 minutos sin remover y le damos la vuelta como si fuera una tortilla. Dejamos que se dore por el otro lado 5 minutos más y al final añadimos un poco de mantequilla para que se funda.

6. Retiramos la panceta del horno y eliminamos el exceso de grasa con papel absorbente. La cortamos en lonchas gruesas y la servimos encima de las patatas doradas.

EL *RÖSTI* ES UNA RECETA TÍPICA SUIZA QUE SE SUELE SERVIR COMO GUARNICIÓN PARA PLATOS DE CARNE O VERDURA.

FLAN DE CALABAZA

RACIONES

4 personas

TIEMPO DE PREPARACIÓN
75'

75 minutos
+ 2 horas de reposo

INGREDIENTES

200 g de calabaza
50 g de chocolate blanco
80 g de leche condensada
3 huevos
½ vaina de vainilla
½ cucharadita de canela
½ cucharadita
   de nuez moscada
100 g de azúcar
Nata
200 ml de nata
40 g de azúcar glas
½ vaina de vainilla seca

1. Para empezar, ponemos el trozo de calabaza en una bandeja, tapamos con papel de aluminio y la metemos en el horno a 180 ºC durante 45 minutos.

2. Para el flan, empezamos calentando el azúcar con un poco de agua en un cazo hasta que se funda y coja un color de caramelo tostado. Retiramos y lo repartimos en las flaneras.

3. Ponemos la calabaza asada en un vaso de batidora, añadimos la leche condensada, las semillas de vainilla, el chocolate blanco, la canela y la nuez moscada. Trituramos con la batidora para integrar todos los ingredientes.

4. Incorporamos los huevos y batimos otra vez hasta obtener una mezcla bien fina.

5. Repartimos la mezcla en las flaneras y las ponemos al baño maría en una olla con un poco de agua al fuego. Tapamos las flaneras con papel de aluminio y la olla con su tapa. Dejamos a fuego suave durante 20 minutos.

6. Una vez cuajados los flanes, los retiramos, enfriamos y guardamos en la nevera unas horas.

7. Para la guarnición, trituramos el azúcar glas con media vaina de vainilla seca.

8. Montamos la nata con el azúcar y la vainilla hasta que esté bien firme.

9. Para emplatar, desmoldamos el flan y lo servimos con una quenelle de nata encima.

PARA DESMOLDAR EL FLAN, SUMERGIMOS LA FLANERA
UNOS SEGUNDOS EN AGUA CALIENTE, PASAMOS LA HOJA DE
UN CUCHILLO POR TODO EL BORDE, LO GIRAMOS Y DAMOS
UNOS GOLPES SECOS PARA QUE SE DESPEGUE.

※

APROVECHAMOS LAS VAINAS DE VAINILLA
SIN LAS SEMILLAS PARA SECARLAS EN UN LUGAR CÁLIDO.

※

SI NO TENEMOS VAINAS SECAS DE VAINILLA,
PODEMOS USAR AZÚCAR AVAINILLADO.

SOPA DE CHOCOLATE BLANCO AL ROMERO

RACIONES

2 personas

TIEMPO DE PREPARACIÓN 15'

15 minutos

INGREDIENTES

150 g de chocolate blanco
100 ml de leche entera
100 ml de nata
125 g de yogur cremoso o kéfir
1 rama de romero
1 cucharadita de miel
Arándanos
Flores de romero (opcional)

1. Calentamos la leche, la nata, el romero y la miel en un cazo para hacer una infusión.
   ✗ **TRUCO TORRES:** para que el chocolate no se queme.
2. Ponemos el chocolate blanco, en trozos pequeños, en un bol y vertemos encima la infusión, colada y muy caliente. Removemos bien para que se mezcle y se funda el chocolate al mismo tiempo.
3. Una vez el chocolate esté bien fundido e integrado, ponemos el bol dentro de otro con agua y hielo para enfriar rápidamente.
4. Cuando la sopa esté fría, añadimos el yogur o kéfir, mezclamos bien y emplatamos con arándanos y, si tenemos, flores de romero por encima.

EL CHOCOLATE BLANCO SE ELABORA
CON MANTECA DE CACAO, LECHE, AZÚCAR
Y SE AROMATIZA CON VAINILLA.

✖

100 GRAMOS DE YOGUR APORTAN 180 MILIGRAMOS DE CALCIO.

✖

LA MIEL DE ROMERO Y DE TOMILLO
SON IDEALES PARA ESTE POSTRE.

NATILLAS DE CHOCOLATE Y ESPECIAS

RACIONES

4 personas

TIEMPO DE PREPARACIÓN

20 minutos
+ 2 horas de reposo

INGREDIENTES

1 l de leche

300 g de chocolate negro

6 yemas de huevo

200 g de azúcar integral

30 g de harina refinada de maíz

1 naranja

1 rama de canela

15 granos de pimienta rosa

1 cucharadita
  de sal en escamas

Aceite de oliva

Crujientes de almendra

100 g de harina de almendra

100 g de harina de trigo

6 claras de huevo

100 g de azúcar glas

1 cucharadita de canela

1. Ponemos la leche en un cazo al fuego, le añadimos la mitad del azúcar, un trozo de piel de naranja, la canela y la pimienta rosa. Dejamos en el fuego hasta que rompa el hervor.

2. Mientras tanto, batimos en un bol las yemas de huevo con la otra mitad del azúcar y la harina refinada de maíz.

3. Colamos y añadimos la leche caliente a la mezcla de yemas sin dejar de remover para que no se formen grumos. Después lo volvemos a poner en el cazo a fuego suave sin dejar de remover hasta que empiece a espesar.

   👨‍🍳 **TOQUE TORRES:** añadimos sal a las natillas.

4. Retiramos del fuego y añadimos el chocolate troceado a las natillas. Removemos hasta que se funda del todo y se integre y agregamos en el último momento la sal. Dejamos que se enfríen y las reservamos en la nevera.

5. Para los crujientes de almendra, mezclamos en un bol todos los ingredientes hasta obtener una masa homogénea.

6. Preparamos una bandeja de horno con papel sulfurizado y ponemos la masa con la forma que nos interese. Con una cuchara podemos estirar partes de masa para hacer lenguas muy finas; con una manga, palitos, o bien crear una rejilla con ayuda de un biberón.

7. Horneamos los crujientes a 200 ºC hasta que estén dorados. Tardan pocos minutos, dependiendo de la forma y el tamaño.

8. Servimos las natillas con un poco de sal en escamas y aceite de oliva por encima, y las acompañamos de los crujientes de almendra.

LA SAL, ADEMÁS DE SER UN POTENCIADOR DE SABOR, COMBINA MUY BIEN CON EL CHOCOLATE.

LA PRIMERA ELABORACIÓN DE CHOCOLATE A LA TAZA EN EUROPA FUE EN EL MONASTERIO DE PIEDRA EN 1534.

LA PIMIENTA ROSA ES UNA BAYA, NO UNA PIMIENTA, DE SABOR CÍTRICO, DULZÓN Y POCO PICANTE. ES IDEAL PARA POSTRES.

ESPECIAL
MOSTAZA CASERA

1. Las salsas de mostaza se elaboran con dos tipos de semilla de mostaza:

   a) La mostaza blanca es más suave y es la base de las salsas americanas.

   b) La mostaza negra es picante e intensa y se usa para la mostaza de Dijon.

2. Además de las semillas de mostaza, que podemos combinar a nuestro gusto, utilizamos otras especias y condimentos para conseguir una salsa equilibrada.

INGREDIENTES

10 g de coriandro, que aportan un toque cítrico

1 cucharadita de cúrcuma, que da color

70 ml de vinagre de sidra u otro vinagre suave

70 ml de vino blanco

1 cucharada de salsa worcestershire

1 cucharada de miel para un toque dulce

Un poco de lima al gusto

3. Mezclamos todos los ingredientes en un frasco, lo cerramos y lo dejamos en la nevera durante uno o dos días. En este tiempo de marinado, la mostaza se hidrata y pierde el sabor amargo, que se transforma en picante y aromático.

4. Trituramos la mezcla hasta conseguir una salsa más o menos suave, al gusto.

¿QUIÉN DIJO
CLÁSICO?

Las normas están para romperlas, y
los clásicos, para reinventarlos.
Nos inspiramos en la tradición y le damos
nuestro toque personal para llegar más allá.

CROQUETAS DE ANCHOA

RACIONES

6-8 personas

TIEMPO DE PREPARACIÓN

30 minutos
+ 12 horas de reposo

INGREDIENTES

10 filetes de anchoa

1 chalota

500 ml de caldo de pescado (fumet)

500 ml de nata

150 g de harina

180 g de mantequilla

Harina para rebozar

2 huevos

Pan rallado

Aceite de oliva suave

Sal y pimienta

✂ **TRUCO TORRES:** damos sabor a la bechamel con caldo de pescado.

1. Mezclamos la nata y el fumet en una olla y los calentamos.

2. Picamos muy fina la chalota y la sofreímos en una olla con la mantequilla a fuego lento para que no coja color.

3. Añadimos la harina y la cocinamos un par de minutos mientras vamos removiendo.

4. Cuando la harina se haya cocinado y no tenga sabor a crudo, añadimos un par de cucharones de los líquidos calientes y mezclamos bien para que no se formen grumos. Después agregamos el resto del líquido, removemos y dejamos cocinar unos minutos hasta que espese procurando que no se pegue en la base.

5. En el último momento añadimos las anchoas picadas, mezclamos bien, rectificamos de sal y pimienta y retiramos del fuego.

6. Ponemos la masa de las croquetas en una fuente, tapamos con papel film en contacto directo y, una vez fría, la metemos en la nevera. Dejamos reposar la masa un mínimo de 12 horas, hasta que esté bien fría y compacta.

7. Batimos los huevos y preparamos dos platos con harina y pan rallado.

8. Sacamos la masa de la nevera, cogemos cucharadas de masa y le damos una forma esférica con las manos. Las pasamos por harina, huevo batido y pan rallado.

9. Freímos las croquetas en abundante aceite de oliva hasta que estén doradas y las escurrimos unos segundos sobre papel absorbente antes de servirlas.

ALGUNAS VARIEDADES DE ACEITE DE OLIVA
SON MÁS ADECUADAS PARA FREÍR, COMO LA ARBEQUINA.

PARA EVITAR QUE SE ABRAN CON LA FRITURA,
PODEMOS DARLES UNA SEGUNDA
CAPA DE HUEVO BATIDO Y PAN RALLADO.

BUÑUELOS DE CALABAZA

RACIONES

4-6 personas

TIEMPO DE PREPARACIÓN
60'

1 hora
+ 2 horas previas de horno
  para deshidratar

INGREDIENTES

250 ml de agua
100 g de mantequilla
175 g de harina de fuerza
5 huevos
½ calabaza violín
1 rama de romero
1 rama de tomillo
Comino
Nuez moscada
Ralladura de naranja
Aceite de oliva suave
Azúcar
Sal y pimienta

1. Previamente, cortamos unas lonchas muy finas de calabaza, las extendemos en una bandeja con papel sulfurizado y las ponemos en el horno a 100 °C durante 2 horas hasta que estén bien secas y deshidratadas. Después las trituramos con un robot.
TOQUE TORRES: sazonamos la calabaza con ralladura de naranja.

2. Para los buñuelos, pelamos y cortamos el resto de la calabaza en trozos regulares. La colocamos en una fuente para horno y la aliñamos con aceite de oliva, sal, pimienta, tomillo y romero picados y ralladura de naranja. La horneamos a 180 °C durante 40 minutos.

3. Para la masa de los buñuelos, ponemos a calentar el agua con la mantequilla, una pizca de sal y otra de azúcar.

4. Cuando hierva, añadimos toda la harina de golpe y mezclamos rápidamente con una cuchara. No paramos de remover hasta que la masa esté bien fina y sedosa y se despegue de las paredes de la olla.

5. Fuera del fuego, añadimos los huevos uno a uno, removiendo bien hasta que se integren en la masa antes de añadir el siguiente.

6. Mezclamos la calabaza asada y el polvo de calabaza deshidratada con la masa de los buñuelos y mezclamos bien.

7. Calentamos abundante aceite de oliva suave en una sartén. A continuación, cogemos cucharadas de masa y freímos los buñuelos hasta que estén dorados. Los retiramos y los colocamos encima de papel absorbente para eliminar el exceso de grasa.

8. Servimos los buñuelos espolvoreados con un poco de comino y nuez moscada.

EN VALENCIA ES TÍPICO COMER LOS BUÑUELOS DE CALABAZA DURANTE LAS FALLAS.

❋

LA MASA DE AGUA, MANTEQUILLA, HARINA Y HUEVOS DE LOS BUÑUELOS SE CONOCE COMO PASTA *CHOUX* Y TAMBIÉN ES LA BASE DE LAS LIONESAS.

TORTILLA DE PATATA CRUJIENTE

RACIONES

2 personas

TIEMPO DE PREPARACIÓN

30'

30 minutos

INGREDIENTES

2 patatas agrias

3 huevos

100 g de recortes de bacalao desalado

50 g de habitas

1 diente de ajo

1 cucharada de mantequilla

½ escarola

Hojas tiernas de escarola

2 pimientos del piquillo

4 tomates cherry

3 piparras

Vinagre de Jerez

Aceite de oliva

Sal y pimienta

1. Pelamos las patatas y las cortamos en láminas a lo largo y muy finas, de 1 milímetro de grosor.

2. Calentamos abundante aceite, retiramos del fuego y añadimos las patatas en tandas. Dejamos que se confiten unos pocos minutos hasta que estén tiernas. Después las escurrimos sobre papel absorbente.

3. Batimos los huevos en un bol. Añadimos el ajo bien picado, el bacalao desalado y desmigado, las habitas, sal y pimienta.

4. Ponemos el bol con los huevos al baño maría en una olla con agua hirviendo. Cocinamos el revuelto, sin dejar de remover, hasta que el huevo empiece a cuajar.

   ⫴ **TOQUE TORRES:** preparamos un envoltorio crujiente para la tortilla.

5. Ponemos un aro en una sartén. Cubrimos la base y las paredes del aro con las láminas de patata, dejando que sobresalgan del borde, y salpimentamos.

6. Rellenamos con el revuelto, cerramos con las patatas que sobresalen y algunas láminas más por encima.

7. Ponemos la sartén al fuego y añadimos la mantequilla alrededor del aro. Dejamos que la patata se dore bien y damos la vuelta al aro entero para que se dore la otra cara.

8. Preparamos la ensalada con hojas tiernas de escarola, pimientos del piquillo en dados, los tomates cherry en cuartos y las piparras. Aliñamos con el vinagre, aceite de oliva, sal y pimienta.

9. Para emplatar, colocamos el aro con la tortilla crujiente a un lado del plato, pasamos una puntilla por todo el borde y desmoldamos. Acompañamos con la ensalada al lado.

EL ACEITE DE CONFITAR LAS PATATAS NO ALCANZA UNA
TEMPERATURA ELEVADA, POR LO QUE PODEMOS REUTILIZARLO.

EL REVUELTO ADMITE OTROS INGREDIENTES,
COMO SETAS, VERDURAS O GAMBAS.

PATATAS
A LA IMPORTANCIA

RACIONES

4 personas

TIEMPO
DE PREPARACIÓN

45 minutos

INGREDIENTES

3 patatas

200 ml de caldo de ave

80 g de chorizo

60 g de queso manchego

1 huevo

50 g de jamón ibérico

8 lonchas de jamón ibérico

1 cebolla

1 diente de ajo

20 g de almendras tostadas

60 ml de vino blanco

1 hoja de laurel

Azafrán

Cebollino

Harina para rebozar

Aceite de oliva

Sal y pimienta

1. Cocemos las patatas enteras con la piel en abundante agua con sal durante 30 minutos o hasta que estén bien cocidas.
👨‍🍳 **TOQUE TORRES:** damos una nueva forma a las patatas a la importancia.

2. Una vez cocidas, las pelamos y las pasamos por el pasapuré. Picamos el chorizo y rallamos el queso manchego y los incorporamos al puré de patatas. Rectificamos de sal y pimienta.

3. Nos untamos un poco las manos con aceite de oliva, cogemos porciones del puré de patatas y formamos rodajas gruesas de patata.

4. Pasamos estas rodajas por harina y huevo batido y las freímos en una sartén con aceite de oliva. Las retiramos y escurrimos sobre papel absorbente.

5. Para el sofrito, doramos el jamón cortado en dados pequeños en una sartén y dejamos que suelte parte de la grasa. Añadimos la cebolla con un poco de aceite y el laurel, y dejamos que sofría.

6. Machacamos en el mortero un diente de ajo, las almendras tostadas y unas hebras de azafrán. Cuando tengamos una pasta muy fina, añadimos el vino blanco.

7. Incorporamos el majado al sofrito junto con el caldo de ave y reducimos unos minutos.

8. Añadimos las patatas a la salsa, calentamos durante 1 minuto y servimos con unas lonchas de jamón encima de cada patata y cebollino picado.

EL ORIGEN DE LAS PATATAS A LA IMPORTANCIA
SE SITÚA EN LOS AÑOS CUARENTA EN PALENCIA Y LEÓN.

LAS PATATAS HERVIDAS CON LA PIEL ABSORBEN
MENOS AGUA Y QUEDAN MÁS CREMOSAS.

LAS PATATAS GALLEGAS SON DE LA VARIEDAD KENNEBEC,
UN TIPO DE PATATA MUY VERSÁTIL
QUE SIRVE PARA COCER, ASAR Y FREÍR.

ÑOQUIS DE GUISANTES CON CECINA

RACIONES

2 personas

TIEMPO DE PREPARACIÓN

15 minutos de preparación
+ 2 horas de reposo

INGREDIENTES

200 g de guisantes
1 cebolla
70 ml de agua
1 huevo
180 g de harina de trigo
50 g de harina
   refinada de maíz
Hojas de albahaca
Aceite picante
Aceite de oliva
Sal y pimienta
Salsa
1 chalota
1 diente de ajo
2 tomates
60 g de cecina
1 cucharada
   de mantequilla
Aceite de oliva
Sal y pimienta

1. Sofreímos la cebolla cortada en juliana en una olla con un poco de aceite. Antes de que coja color, añadimos los guisantes, la albahaca, un poco de agua, sal y pimienta. Cocinamos 7-8 minutos a fuego fuerte para que se hagan los guisantes y se evapore el agua.

2. Trituramos los guisantes con el mínimo de líquido; debe quedar una textura de puré espeso y fino.
TOQUE TORRES: preparamos unos ñoquis con guisantes y sin patata.

3. Mezclamos el puré de guisantes con el huevo y vamos añadiendo las harinas poco a poco, removiendo para integrarlas con el puré.

4. Dejamos enfriar la masa unas 2 horas en la nevera para que quede consistente.

5. Empezamos a dar forma a los ñoquis haciendo cilindros con las manos o con una manga pastelera. Cortamos los cilindros en porciones y les marcamos unas estrías con un tenedor.

6. Cocinamos los ñoquis en abundante agua con sal durante 1 minuto.

7. Para la salsa, sofreímos el ajo y la chalota en una sartén con mantequilla. Cuando se hayan ablandado, añadimos el tomate pelado y cortado en daditos, salpimentamos y salteamos ligeramente.

8. Incorporamos los ñoquis cocidos al salteado y les damos un par de vueltas para que se impregnen bien del sofrito.

9. Emplatamos con la cecina cortada en juliana y terminamos con unas hojas de albahaca y unas gotas de aceite picante.

PARA ESTA RECETA PODEMOS USAR GUISANTES CONGELADOS O BIEN GUISANTES FRESCOS MÁS GRANDES.

LA CECINA DE VACA ES CARNE SALADA, CURADA Y AHUMADA. LA DE LEÓN TIENE INDICACIÓN GEOGRÁFICA PROTEGIDA.

PAELLA
CIEN POR CIEN TORRES

RACIONES

4 personas

TIEMPO DE PREPARACIÓN

40 minutos

INGREDIENTES

300 g de arroz

1 muslo y 1 alita de pollo

½ conejo

80 g de jamón

100 g de alubia
   garrofón fresca

8 judías verdes

4 alcachofas

½ pimiento rojo

½ pimiento verde

2 tomates rallados

2 dientes de ajo

1 l de caldo de ave

1 cucharadita de pimentón

Ramas de romero y tomillo

Aceite de oliva

Sal y pimienta

1. Calentamos un poco de aceite en la paella y doramos el pollo y el conejo, salpimentados y cortados en trozos pequeños, junto con las ramas de tomillo y romero atadas con hilo bramante.

2. Mientras se doran, cortamos los pimientos, las judías y los corazones de alcachofa en trozos medianos y picamos el ajo.

3. Cuando la carne esté bien dorada, añadimos el tomate rallado, las verduras cortadas y el pimentón. Dejamos que sofría hasta que pierda el agua y quede concentrado.

4. Retiramos las hierbas, echamos el arroz y lo removemos bien con el sofrito.
   TOQUE TORRES: añadimos jamón a la paella.

5. Agregamos el caldo caliente, los garrofones y el jamón en taquitos. Rectificamos de sal y cocinamos a fuego fuerte durante 16 minutos, hasta que el arroz se cocine y se seque.

6. Tras dejar reposar un par de minutos, está lista para servir.

LA AUTÉNTICA PAELLA VALENCIANA CUENTA
CON DENOMINACIÓN DE ORIGEN PROTEGIDA Y EN ELLA
SÓLO PUEDEN USARSE 10 INGREDIENTES.

NUNCA HAY QUE REMOVER EL ARROZ UNA VEZ ESTÉ CON
EL CALDO; SE MUEVE LA PAELLA ENTERA EN VAIVÉN.

LA ALUBIA GARROFÓN PUEDE ENCONTRARSE FRESCA
EN LOS MESES DE JULIO Y AGOSTO.

ARROZ NEGRO CON ALIOLI DE GAMBAS

RACIONES

2 personas

TIEMPO DE PREPARACIÓN

25 minutos

INGREDIENTES

160 g de arroz bomba

200 g de calamar

400 g de gambas

750 ml de caldo de pescado

2 chalotas

3 dientes de ajo

¼ de pimiento rojo

¼ de pimiento verde

2 tomates triturados

2 cucharadas
   de tinta de calamar

1 cucharada
   de pimentón de la Vera

1 huevo

Perejil

Aceite de oliva

Sal

1. Separamos las cabezas de los cuerpos de las gambas y las pelamos.
2. Doramos las cabezas en una paella con aceite de oliva y las retiramos a un mortero.
3. En la misma paella sofreímos la chalota, los pimientos y dos dientes de ajo bien picados con un poco de sal. Cuando las verduras estén tiernas, añadimos el pimentón y cortamos la cocción con los tomates triturados y colados. Dejamos reducir hasta que se evapore toda el agua del tomate.
4. Cortamos el calamar en dados y lo añadimos al sofrito reducido. Agregamos el arroz y removemos para que se integre con el sofrito. Añadimos todo el caldo de golpe y la tinta de calamar, rectificamos de sal y dejamos cocinar 18 minutos.

   TOQUE TORRES: preparamos un alioli con la esencia de las gambas.
5. Para el alioli, machacamos bien las cabezas de gamba en el mortero y pasamos el resultado a un colador para extraer todo el líquido.
6. En el vaso de la batidora ponemos el huevo, un diente de ajo picado, 150 mililitros de aceite de oliva y el jugo de las cabezas de las gambas y batimos hasta que emulsione.
7. Un par de minutos antes de que el arroz esté, ponemos los cuerpos de las gambas, retiramos del fuego y dejamos reposar unos 5 minutos.
8. Servimos el arroz con unos puntos de alioli y perejil picado.

LA TINTA DE CALAMAR APORTA BASTANTE SABOR,
POR LO QUE HAY QUE TENER CUIDADO CON LA SAL.

ES CONVENIENTE SALAR LOS ARROCES EN TRES FASES:
AL PRINCIPIO, EN EL SOFRITO; CUANDO INCORPORAMOS
EL ARROZ, Y AL FINAL, PARA RECTIFICAR.

CUANTO MÁS FINA SEA LA CAPA DE ARROZ, MÁS FÁCIL SERÁ
QUE QUEDE EN SU PUNTO Y CON EL APRECIADO *SOCARRAT*.

LENGUADO RELLENO DE CHAMPIÑONES

RACIONES

4 personas

TIEMPO DE PREPARACIÓN

 40'

40 minutos

INGREDIENTES

1 lenguado de 800 g
3 patatas
1 cebolla
60 ml de vino blanco seco
10 champiñones
1 chalota
2 dientes de ajo
200 ml de nata
40 g de mantequilla
Limón
Nuez moscada
Cebollino
Aceite de oliva
Sal y pimienta
Salsa de limón
80 g de mantequilla
1 limón

1. Cortamos las patatas peladas y la cebolla en láminas finas. En una bandeja para horno ponemos un poco de aceite de oliva, sal y pimienta. Colocamos las láminas de patata y cebolla hasta cubrir todo el fondo. Salpimentamos y mojamos con el vino blanco. Horneamos a 190 °C durante 10 minutos.

2. Para el relleno, picamos bien los champiñones, el ajo y la chalota. Fundimos mantequilla en una sartén y rehogamos el ajo y la chalota. A continuación añadimos los champiñones, un toque de nuez moscada y unas gotas de limón y dejamos que se evapore toda el agua.

3. Añadimos la nata y dejamos reducir unos minutos. Después lo enfriamos y reservamos el relleno en una manga pastelera.
   ✕ **TRUCO TORRES:** preparamos el lenguado de manera que no se pierda el relleno.

4. Limpiamos el lenguado quitando las aletas y las espinas laterales. En el lado con la piel oscura, hacemos un corte a lo largo siguiendo la espina y vamos separando la carne de las espinas sin llegar a ningún borde, hacemos una cavidad para meter el relleno y que no se salga.

5. Sacamos las patatas del horno, colocamos el lenguado encima y rellenamos, entre la carne y la espina, con la manga pastelera.

6. Ponemos un poco de agua en la bandeja y volvemos a meter en el horno durante 14 minutos más.

7. Antes de que termine la cocción preparamos la salsa de limón. Fundimos y tostamos la mantequilla hasta que coja algo de color y desprenda un aroma a frutos secos, y entonces cortamos la cocción con el zumo de un limón.

8. Presentamos el lenguado en la misma fuente de horno, con la salsa de limón por encima y un poco de cebollino picado.

EL RELLENO DE CHAMPIÑONES SE CONOCE COMO *DUXELLE* Y ES UNA PREPARACIÓN CLÁSICA FRANCESA.

GAMBAS CON CHOCOLATE

RACIONES

2 personas

TIEMPO DE PREPARACIÓN

40 minutos

INGREDIENTES

12 gambas rojas
1 cebolla
2 tomates
1 rama de apio
½ bulbo de hinojo
1 hueso de jamón
1 diente de ajo
40 g de chocolate negro
30 g de almendras tostadas
10 tirabeques
Limón
Laurel
Tomillo
Perejil
Aceite de oliva
Sal y pimienta

1. Pelamos las gambas y las reservamos para el final de la receta. Apretamos las cabezas para sacar la esencia y reservamos estos jugos en un bol en la nevera.
   TOQUE TORRES: preparamos un caldo con jamón y gambas como base de la salsa.
2. Rehogamos la cebolla, el apio y el hinojo cortados en trozos grandes en una olla con aceite de oliva junto con una hoja de laurel. Añadimos las cabezas y las cáscaras de las gambas, el hueso de jamón y el tomillo, y seguimos rehogando.
3. Añadimos a la olla el tomate cortado en cuartos, sal, y cubrimos con agua. Dejamos cocinar a fuego muy suave 25 minutos.
4. Machacamos las almendras, el diente de ajo y el chocolate en un mortero hasta conseguir una pasta fina. Colamos el caldo de las gambas y el jamón en el mortero y diluimos bien el majado.
5. Marcamos las gambas salpimentadas en una sartén con unas gotas de aceite y las retiramos. Colamos el caldo con el majado en la sartén y dejamos que reduzca hasta conseguir la textura de salsa untuosa.
6. En el último momento, añadimos a la salsa una cucharada de la esencia de las cabezas de gamba y unas gotas de limón. A continuación, incorporamos las gambas para que se terminen de cocinar durante 1 minuto.
7. Hervimos los tirabeques un par de minutos en agua con sal y los escurrimos bien.
8. Servimos las gambas con la salsa, encima los tirabeques y terminamos con perejil picado.

EL CHOCOLATE NEGRO TIENE UN SABOR AMARGO QUE COMBINA BIEN CON EL SALINO DE LAS GAMBAS.

PODEMOS DISTINGUIR LAS GAMBAS FRESCAS POR EL TACTO DE SU CABEZA, QUE ES MUY LISO CUANDO ESTÁN RECIÉN PESCADAS Y SE VUELVE RUGOSO CON EL TIEMPO.

CRUET DE PESCADO Y MARISCO

RACIONES

4 personas

TIEMPO DE PREPARACIÓN

20'

20 minutos

INGREDIENTES

6 pescados de roca pequeños
8 gambas rojas
3 patatas
3 cebollas tiernas
3 ajos tiernos
2 tomates maduros
100 ml de vino blanco
4 dientes de ajo
2 guindillas
1 cucharadita de pimentón
10 hebras de azafrán
Perejil
Tomillo limón y orégano
Piel de lima
Aceite de oliva
Sal y pimienta

1. Pelamos las gambas y reservamos las cabezas y las cáscaras. Fileteamos el pescado o pedimos en la pescadería que nos lo fileteen y nos guarden las espinas. Ponemos las espinas en un bol con agua y hielo durante 30 minutos para que desangren.
   🍳 **TOQUE TORRES:** preparamos un caldo muy rápido a partir de un refrito de ajo y pimentón.

2. Para el caldo, rehogamos los ajos y las guindillas en una olla con aceite de oliva. Antes de que tomen color, añadimos el pimentón, el azafrán y cortamos la cocción con el vino blanco.

3. Añadimos las espinas de pescado, las cabezas y las cáscaras de las gambas y cubrimos justo con agua, unos 300 mililitros. Dejamos a fuego suave hasta que empiece a hervir.

4. Pelamos y cortamos las patatas en láminas muy finas, de 1 milímetro aproximadamente. Luego cortamos las cebollas tiernas y los ajos tiernos en juliana.

5. Disponemos las patatas en la base de una cazuela de barro con un poco de aceite. Encima colocamos la cebolla y el ajo tierno en juliana y salpimentamos.

6. Añadimos el caldo a la cazuela y ponemos al fuego. Dejamos cocinar entre 5 y 10 minutos, dependiendo del grosor de la patata.

7. Cuando la patata ya esté un poco cocida, agregamos el tomate en rodajas, el pescado troceado y las gambas a la cazuela. Rectificamos de sal y dejamos cocinar 3 minutos o el tiempo suficiente para que el pescado esté al punto.

8. Servimos en la misma cazuela con perejil, orégano y tomillo limón picados, junto con un toque de piel de lima rallada.

LA CAZUELA DE BARRO MANTIENE MUY BIEN EL CALOR PERO TIENE QUE PONERSE AL FUEGO. SI NO TENEMOS FUEGO, LA ALTERNATIVA ES UNA CAZUELA BAJA DE HIERRO COLADO.

✺

PARA GUISOS DE PESCADO ES PREFERIBLE USAR UN VINO BLANCO SECO COMO LOS DE LA VARIEDAD SAUVIGNON BLANC.

RAYA AL PIMENTÓN

RACIONES

2 personas

TIEMPO
DE PREPARACIÓN 25'

25 minutos

INGREDIENTES

300 g de raya

¼ de hígado de raya

1 cebolla

3 dientes de ajo

2 rebanadas de pan

200 ml de caldo de pescado

3 ajos tiernos

10 alcaparras

2 cucharadas
   de pimentón de la Vera

1 cayena

1 limón

Comino

Harina

Aceite de oliva

Sal y pimienta

1. Doramos el hígado en una sartén con aceite de oliva junto con los dientes de ajo fileteados y las rebanadas de pan. Retiramos del fuego y los reservamos en un mortero.
2. Machacamos en el mortero el hígado, los ajos y el pan frito con un poco de comino. Añadimos un poco del caldo de pescado para diluir el majado.
3. En la misma sartén donde hemos dorado el hígado, rehogamos la cebolla picada con un poco más de aceite.
4. Cuando esté sofrita, añadimos la cayena, el pimentón y la harina, y les damos un par de vueltas. Agregamos el majado y el caldo de pescado y dejamos cocinar un par de minutos.
5. Colamos la salsa, rectificamos de sal y pimienta y la volvemos a poner al fuego junto con la raya, con la piel oscura hacia arriba. Dejamos cocer el pescado durante 10 minutos.
6. Cortamos los ajos tiernos al bies y los salteamos ligeramente.
7. Retiramos la piel oscura de la raya y la colocamos en el centro de un plato, sazonada con un poco de sal y pimienta.
8. Terminamos la salsa con unas gotas de limón y salseamos la raya. Servimos con las alcaparras y los ajos tiernos por encima.

EN LA PESCADERÍA PEDIMOS LA RAYA CORTADA EN TROZOS
CON LA ESPINA EN EL CENTRO, SIN FILETEAR, Y CON LA PIEL.

MANTENER LA PIEL DEL PESCADO DURANTE LA COCCIÓN
PROTEGE LA CARNE, QUE QUEDA MÁS JUGOSA.

LA RAYA ES UN PESCADO MUY BAJO EN GRASAS Y RICO
EN VITAMINAS B3 Y B12.

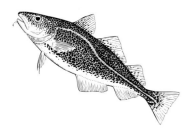

BACALAO A LA VIZCAÍNA TORRES

RACIONES

2 personas

TIEMPO DE PREPARACIÓN

35'

35 minutos

INGREDIENTES

400 g de bacalao fresco
Las espinas del bacalao
40 g de grasa de jamón
2 dientes de ajo
1 cebolla
1 pimiento choricero
½ pimiento rojo
2 tomates
6 cebollitas encurtidas
Algas (opcional)
Aceite de oliva
Sal y pimienta

1. Antes de empezar, debemos tener los tomates asados. Para ello los envolvemos en papel de aluminio y los ponemos al horno a 180 ºC durante 20-30 minutos, hasta que estén bien tiernos. También ponemos a remojo el pimiento choricero en un bol con agua.

2. Separamos los filetes de la espina del bacalao, que reservamos. Podemos pedir en la pescadería que nos lo preparen de esta forma.

3. En una cazuela con aceite de oliva, sofreímos los dientes de ajo con la piel y la grasa de jamón.

4. Cuando se haya fundido parte de la grasa, añadimos la cebolla y el pimiento rojo cortados en dados no muy pequeños y dejamos que se sofrían bien.

   TOQUE TORRES: transformamos la salsa vizcaína en un consomé.

5. Añadimos los tomates asados, sin piel, y el pimiento choricero cortado en trozos grandes. Agregamos también la espina del bacalao y cubrimos con un vaso de agua. Dejamos cocinar a fuego muy lento durante 15 minutos.

6. Una vez listo el consomé a la vizcaína, cortamos porciones del lomo de bacalao, salpimentamos y lo cocinamos 5 minutos en una vaporera encima de una base de algas variadas o bien directamente.

7. Colamos el consomé con una estameña o un colador muy fino.

8. Emplatamos el lomo de bacalao con las algas en el fondo del plato, añadimos las cebollitas encurtidas cortadas por la mitad y vertemos el consomé a la vizcaína alrededor.

LA SALSA VIZCAÍNA CLÁSICA SE PREPARA
CON CEBOLLA, AJO, PIMIENTO CHORICERO, HARINA
PARA ESPESAR Y CALDO DE PESCADO O AVE.

✺

EL PIMIENTO CHORICERO SE USA TAMBIÉN PARA
LA ELABORACIÓN DE CHORIZOS, DE AHÍ SU NOMBRE.

PARGO CON COSTRA DE SAL

RACIONES

6 personas

TIEMPO DE PREPARACIÓN

60'

1 hora

INGREDIENTES

1 pargo de 2 kg
1 kg de sal gorda
4 claras de huevo
1 rama de romero
2 ramas de tomillo
1 rama de tomillo limón
1 limón
20 patatas primor
1 guindilla
Perejil
Aceite de oliva
Sal y pimienta
Salsa tártara
150 g de mayonesa
20 alcaparras
4 pepinillos
1 huevo duro

TOQUE TORRES: aromatizamos la sal con hierbas y cítricos.

1. Preparamos la mezcla de sal poniendo en un cuenco la sal, las claras de huevo, una rama de tomillo y romero picadas, un poco de pimienta y el zumo y la piel de medio limón. Mezclamos bien con las manos.

2. Ponemos una base de sal en una fuente amplia. Colocamos el pargo entero encima y cubrimos con el resto de sal, dejando la cabeza y la cola descubiertas. Con la parte trasera de un cuchillo hacemos unas marcas en la sal simulando las espinas del pescado.

3. Horneamos el pargo a 200 °C durante 50 minutos.

4. Cocemos las patatas enteras y con piel en abundante agua con sal hasta que estén tiernas, unos 20 minutos.

5. Cuando estén cocidas, las escurrimos y las doramos en una sartén con aceite de oliva y añadimos la guindilla, una rama de tomillo, tomillo limón y pimienta.

6. Preparamos la salsa tártara mezclando la mayonesa con los pepinillos, las alcaparras y el huevo duro muy picados. Añadimos un poco de zumo de limón, sal y pimienta, removemos bien y reservamos.

7. Presentamos el pescado con la costra de sal, y las patatas doradas y la salsa tártara en cuencos separados.

AL COCINAR A LA SAL ES IMPORTANTE NO ESCAMAR EL PESCADO, PUES LAS ESCAMAS PROTEGEN LA CARNE.

PARA COCINAR PESCADO A LA SAL HAY QUE TENER EN CUENTA ESTA REGLA DE TIEMPO: 25 MINUTOS POR CADA KILO DE PESCADO CON EL HORNO A 190 °C.

LA CLARA DE HUEVO AYUDA A QUE SE FORME UNA COSTRA DE SAL MÁS DURA Y QUE SE PUEDA RETIRAR FÁCILMENTE.

CARRILLERAS DE TERNERA CON COMPOTA

RACIONES

2 personas

TIEMPO DE PREPARACIÓN

135'

2 horas 15 minutos

INGREDIENTES

2 carrilleras de ternera

2 cebollas

2 zanahorias

1 cabeza de ajos

400 ml de vino tinto

1 rama de tomillo

1 rama de romero

1 cucharada de mantequilla

Hojas de ensalada tiernas

Limón

Aceite de oliva

Sal y pimienta

Compota

2 manzanas Granny Smith

2 vainas de cardamomo

100 ml de aceite de oliva suave

1. Marcamos las carrilleras, limpias de grasa y telillas, en una olla con aceite de oliva. Una vez doradas, las retiramos.

2. En la misma olla rehogamos la cabeza de ajos entera y cortada por la parte superior, las hierbas aromáticas, la cebolla y la zanahoria picadas. Dejamos que se sofrían unos minutos.

3. Ponemos las carrilleras encima de las verduras rehogadas y añadimos el vino. Terminamos de cubrir la carne con agua, tapamos y dejamos cocinar lentamente durante 2 horas.

4. Para la compota, cocinamos las manzanas, peladas y troceadas, con las vainas de cardamomo en un cazo con un poco de agua. Dejamos cocer poco a poco durante 15-20 minutos.
   TOQUE TORRES: ligamos la compota con aceite de oliva suave.

5. Retiramos el cardamomo y ponemos la manzana cocida en un vaso para batidora. Añadimos un poco de sal y pimienta y el aceite de oliva suave. Batimos hasta que ligue como si fuera una mayonesa y reservamos.

6. Retiramos las carrilleras del guiso y las marcamos unos minutos en la brasa o en una parrilla.

7. Colamos la salsa de las carrilleras y la reducimos en una sartén con la mantequilla hasta que quede brillante y untuosa.

8. Aliñamos las hojas tiernas con aceite de oliva, unas gotas de limón, sal y pimienta.

9. Emplatamos la carrillera, la cubrimos con la salsa reducida y acompañamos con hojas tiernas y la compota ligada alrededor.

EL MARCAR A LA BRASA LAS CARRILLERAS YA COCIDAS LES DA UN TOQUE EXTERIOR CRUJIENTE Y UN AROMA AHUMADO.

LA MANZANA ES MUY RICA EN PECTINA, UNA FIBRA QUE ACTÚA COMO GELIFICANTE Y QUE AYUDA A LIGAR ESTA SALSA.

HAY TRES TIPOS DE CARDAMOMO: NEGRO, BLANCO Y VERDE. EL VERDE ES EL MÁS HABITUAL Y FÁCIL DE ENCONTRAR.

CALDERETA DE CABRITO CON VERDURAS

RACIONES

4 personas

TIEMPO DE PREPARACIÓN

45 minutos

INGREDIENTES

500 g de carne de cabrito

3 zanahorias con hojas

3 cebollas tiernas

3 nabos

8 espárragos verdes

12 tirabeques

1 cucharada
   de tomate concentrado

500 ml de caldo de cabrito

50 ml de armañac

2 dientes de ajo

10 granos de coriandro

½ cucharadita de comino

Nuez moscada

Harina

Ralladura de lima

Aceite de oliva

Sal y pimienta

Caldo

Zanahorias

Cebolla

Puerro

1. Si tenemos huesos y recortes del cabrito, los aprovechamos para hacer un caldo. Los ponemos en una olla con zanahoria, cebolla y puerro, cubrimos de agua y cocemos a fuego muy suave durante 30 minutos. Si no, podemos usar un caldo de cocido o de carne.

2. Para la caldereta, cortamos la carne de cabrito en trozos de bocado, la salpimentamos y pasamos por un poco de harina.
   🔪🔪 **TOQUE TORRES:** hacemos un majado con especias para dar aroma al guiso.

3. En una cazuela doramos los dientes de ajo pelados y los retiramos a un mortero. Añadimos el coriandro, el comino y la nuez moscada y machacamos bien hasta obtener una pasta fina.

4. Doramos el cabrito en la misma cazuela donde hemos cocinado los ajos.

5. Añadimos a la cazuela las cebollas tiernas cortadas por la mitad, o enteras si son pequeñas, las zanahorias peladas y en trozos grandes y los nabos pelados y torneados.

6. Desglasamos con el armañac y añadimos el tomate concentrado. Damos un par de vueltas e incorporamos el majado a la cazuela. Mojamos con el caldo de cabrito o carne, rectificamos de sal y pimienta y cocinamos a fuego suave durante 25 minutos.

7. Cortamos los espárragos en trozos, los tirabeques en tres partes y los salteamos en una sartén con un poco de aceite de oliva durante 1 minuto. Después los añadimos al guiso y dejamos un par de minutos para que se integren los sabores.

8. Fuera del fuego, terminamos el guiso con un poco de ralladura de lima. Emplatamos con unas hojas de zanahoria para decorar.

EL *NAVARIN* ES UN GUISO FRANCÉS TÍPICO DE PASCUA
QUE SE ELABORA CON CABRITO,
NABO Y OTRAS VERDURAS DE PRIMAVERA.

✳

EN ESTA RECETA HEMOS USADO FALDA Y CUELLO DE CABRITO,
QUE SON LAS PARTES MÁS MELOSAS PARA GUISAR.

TARTA FINA DE MANZANA

RACIONES

2 personas

TIEMPO DE PREPARACIÓN

20'

20 minutos

INGREDIENTES

1 lámina de hojaldre

3 manzanas

80 g de azúcar moreno

1 cucharadita de canela

2 cucharadas de azúcar glas
   avainillado

1 bola de helado de manzana
   (véase receta en la p. 98)

Menta

1. Si es necesario, cortamos la masa en forma de círculo utilizando un plato como guía.

2. Con un tenedor, pinchamos muy bien todo el hojaldre para que no suba en el horno.

3. Pelamos y cortamos las manzanas por la mitad, les quitamos el corazón y las cortamos en láminas finas.

4. Disponemos los trozos de manzana por el hojaldre en forma de abanico, empezando por el exterior hacia el interior, hasta cubrir toda la tarta.

5. Espolvoreamos con azúcar moreno y canela, colocamos la tarta sobre una bandeja con papel sulfurizado y metemos en el horno, previamente calentado a 180 ºC, durante 15 minutos.
   TOQUE TORRES: caramelizamos la tarta.

6. Antes de servir, espolvoreamos la tarta con el azúcar glas avainillado y quemamos con un soplete o con una pala de quemar crema para que caramelice.

7. Servimos acompañada con una bola de helado de manzana y unas hojas de menta.

LA MANZANA GOLDEN ES LA MÁS VERSÁTIL,
PARA COMER EN CRUDO Y PARA ASAR O COCINAR.

PODEMOS PREPARAR AZÚCAR GLAS AVAINILLADO
TRITURANDO AZÚCAR BLANCO
CON UNA VAINA SECA DE VAINILLA.

LA CANELA EN RAMA ES DE COLOR MARRÓN CLARO
Y PRIETA, SIN HUECOS. NO HAY QUE CONFUNDIRLA
CON LA CASIA, MÁS OSCURA Y HUECA.

NARANJAS DE XÀTIVA

RACIONES

4 personas

TIEMPO DE PREPARACIÓN
15'

15 minutos

INGREDIENTES

300 g de queso fresco
200 g de requesón
100 g de harina
1 cucharada de impulsor
1 huevo
Miel
Canela en polvo
Aceite de girasol
Extra
Hojas de naranjo (opcional)

1. En un bol, deshacemos y mezclamos el queso fresco y el requesón.
2. Añadimos el huevo batido, la harina y el impulsor y mezclamos bien hasta obtener una masa compacta y con todos los ingredientes bien integrados.
3. Separamos porciones y les damos forma esférica con las manos. Después las espolvoreamos con harina.
4. Calentamos abundante aceite de girasol en una olla y freímos las bolas de queso hasta que estén bien doradas y crujientes.
5. Dejamos escurrir las «naranjas» encima de papel absorbente.
6. Las servimos calientes con un poco de miel por encima y espolvoreadas con canela en polvo. Finalmente, las decoramos con hojas de naranjo, si las podemos conseguir.

ESTA RECETA APARECE EN EL *LLIBRE DEL COCH*,
UN RECETARIO PUBLICADO EN EL AÑO 1520.

❊

EL ACEITE DE GIRASOL TIENE UN SABOR MUY NEUTRO,
POR ESO ES IDEAL PARA POSTRES.

❊

ESPOLVOREAMOS LAS BOLAS DE QUESO CON HARINA
PARA QUE QUEDEN MÁS DORADAS CON LA FRITURA.

CREMA QUEMADA DE MELOCOTÓN

RACIONES

4 personas

TIEMPO DE PREPARACIÓN

30 minutos
+ 2 horas de reposo

INGREDIENTES

3 melocotones

3 medios
   melocotones en almíbar

300 ml de leche

200 ml de nata

3 yemas de huevo

25 g de harina refinada de maíz

75 g de azúcar integral

1 rama de canela

1 trozo de jengibre

250 g de yogur cremoso
   (tipo griego)

2 cucharadas de miel

1 cucharadita
   de esencia de vainilla

Azúcar para quemar

TOQUE TORRES: usamos jengibre en lugar de limón para aromatizar la crema.

1. Para la crema de melocotón, calentamos la leche y la nata en un cazo con la mitad del azúcar, la rama de canela y el jengibre.

2. Por otro lado, batimos las yemas de huevo con la otra mitad de azúcar y la harina refinada de maíz.

3. Cuando los líquidos rompan a hervir, los retiramos y colamos encima de las yemas, sin dejar de batir para que no cuajen.

4. Volvemos a poner la mezcla al fuego y le añadimos los melocotones en almíbar troceados. Dejamos que espese a fuego suave y sin dejar de remover. Después trituramos la crema y pasamos a un bol dentro de otro con hielo para que enfríe rápido.

5. Pelamos dos melocotones y los picamos en dados pequeños que mezclamos con el yogur, la miel y unas gotas de esencia de vainilla.

6. Limpiamos y abrimos por la mitad el otro melocotón. Retiramos el hueso y cortamos la carne en láminas muy finas, de 1 milímetro aproximadamente, como si fuera un carpaccio.

7. En una cazuelita ponemos la base del yogur con melocotón. Encima repartimos la crema fría que cubrimos con el carpaccio de melocotón. Espolvoreamos con azúcar integral y lo quemamos con una pala o un soplete.

EL MELOCOTÓN YA SE CULTIVABA HACE
MÁS DE TRES MIL AÑOS EN CHINA, DONDE ESTÁ CONSIDERADO
UN SÍMBOLO DE INMORTALIDAD.

EL MELOCOTÓN ES RICO EN POTASIO Y VITAMINAS A Y C.

SI NO TENEMOS YOGUR GRIEGO, PODEMOS PONER
A ESCURRIR UN YOGUR NATURAL EN UN COLADOR CON
UN TRAPO PARA ELIMINAR PARTE DEL SUERO.

MELOCOTONES EN ALMÍBAR CON COCO

RACIONES

2 personas

TIEMPO DE PREPARACIÓN

40 minutos

INGREDIENTES

2 melocotones

1 l de agua

150 g de miel de naranjo

1 vaina de vainilla seca

1 rama de canela

3 clavos

8 granos de pimienta rosa

1 limón

Merengue de coco

2 claras de huevo

80 g de azúcar integral

50 g de coco rallado

TOQUE TORRES: hacemos un almíbar especiado y sin azúcar blanco.

1. En una olla amplia calentamos el agua con la miel, un trozo de piel del limón, la canela, el clavo, la pimienta rosa y una vaina de vainilla seca, sin las semillas.

2. Cortamos los melocotones por la mitad y retiramos el hueso; luego los incorporamos al almíbar y dejamos cocinar unos 8 minutos, dependiendo del tamaño y el punto de maduración de la fruta. Tiene que quedar con una textura un poco firme, no demasiado cocido.

3. Para el merengue, calentamos las claras de huevo con el azúcar al baño maría hasta llegar a unos 60 ºC, que estén templadas.

4. Retiramos del fuego y dejamos enfriar un poco las claras antes de montarlas con unas varillas eléctricas.

5. Con las claras a punto de nieve, añadimos el coco rallado y mezclamos suavemente haciendo movimientos envolventes. La reservamos en una manga pastelera con la boquilla rizada.

6. Escurrimos y enfriamos los melocotones. Rellenamos el hueco del hueso con el merengue de coco y, si podemos, lo tostamos un poco con ayuda de un soplete.

PODEMOS COCER LOS MELOCOTONES Y EL ALMÍBAR EN UN BOTE ESTERILIZADO Y TAPADO AL BAÑO MARÍA, ASÍ OBTENEMOS UNA CONSERVA CASERA.

❈

ESTE TIPO DE MERENGUE EN QUE LAS CLARAS SE COCINAN PREVIAMENTE AL BAÑO MARÍA SE CONOCE COMO MERENGUE SUIZO.

❈

LOS PRIMEROS MELOCOTONES APARECEN A FINALES DE MAYO, Y LOS ÚLTIMOS, COMO EL DE CALANDA, ENTRE SEPTIEMBRE Y OCTUBRE.

TORRIJAS AL VINO TINTO

RACIONES

4 personas

TIEMPO DE PREPARACIÓN

20 minutos para las torrijas
+ 4 horas para el brioche

INGREDIENTES

4 rebanadas de pan
   de brioche
200 ml de vino tinto
1 rama de canela
1 cucharada de miel de naranjo
1 huevo
1 cucharada de mantequilla
Piel de naranja
Azúcar moreno
Aceite de girasol
Helado de canela (guarnición)
Brioche (opcional)
350 g de harina de fuerza
300 ml de vino tinto
1 huevo
130 g de mantequilla
30 ml de leche
25 g de azúcar
25 g de levadura fresca
1 cucharada de canela en polvo
Piel de naranja – Sal

1. Podemos hacer las torrijas con brioche o pan de molde comprado y un poco duro, o bien preparar nuestro propio brioche. Si optamos por lo segundo, empezamos reduciendo el vino a la mitad y lo dejamos enfriar.

2. Mezclamos en la amasadora el huevo con el azúcar, la sal, la canela, un poco de ralladura de naranja y el vino bien frío. Añadimos la harina, la levadura diluida en la leche y seguimos amasando hasta que obtengamos una masa fina y sedosa.

3. Añadimos poco a poco la mantequilla fría y cortada en dados mientras seguimos amasando unos minutos más; la masa estará lista cuando se despegue del bol. La dejamos reposar 30 minutos.

4. Hacemos una bola con la masa y la ponemos en un molde rectangular. La dejamos fermentar 2 horas o hasta que aumente de volumen.

5. Horneamos el brioche a 180 ºC durante 45 minutos. Lo desmoldamos y dejamos enfriar.

6. Para las torrijas, ponemos el vino tinto a calentar en un cazo. Añadimos la miel, la rama de canela y un trozo de piel de naranja. Cuando hierva, apagamos el fuego y lo vertemos en una fuente para que se enfríe un poco.

7. Cortamos el pan de molde o el brioche en lingotes de unos 5 centímetros de grosor y unos 10 centímetros de largo y lo mojamos en el vino por todas las caras.
   ✗ **TRUCO TORRES:** aprovechamos el vino para una salsa.

8. Colamos el resto del vino y dejamos que reduzca al fuego hasta que tenga textura casi de caramelo. Al final, lo ligamos con una cucharada de mantequilla.

9. Pasamos la torrija por el huevo batido y la freímos por las cuatro caras en una sartén con aceite de girasol.

10. Espolvoreamos una de las caras de la torrija con azúcar moreno y lo quemamos con una pala o soplete.

11. Para emplatar, ponemos un poco de salsa de vino en la base y la torrija encima. Terminamos con una bola de helado de canela.

ESPECIAL CALDOS

INGREDIENTES

Caldo de pescado

1 kg de pescado
   de morralla, galeras
   y cangrejos
1 cebolla
2 zanahorias
1 trozo de apionabo
¼ de hinojo
½ puerro
Pimienta y laurel

Caldo de ave

2 carcasas de pollo
½ pie de cerdo
2 huesos de jamón
2 zanahorias
1 cebolla
1 puerro
1 trozo de apionabo
½ cabeza de ajos

Caldo de cocido

½ costilla de ternera
¼ de gallina
1 carcasa de pollo
2 costillas de cerdo
100 g de papada
   de cerdo
½ pie de cerdo
40 g de huesos
   de jamón
2 zanahorias
1 cebolla
1 puerro
1 trozo de apionabo
¼ de bulbo de hinojo
½ cabeza de ajos

CALDO DE PESCADO

1. Limpiamos y pelamos las verduras.
2. Metemos todos los ingredientes en una olla y añadimos agua sin que llegue a cubrir del todo.
3. La ponemos al fuego y, cuando empiece a hervir, bajamos al mínimo. Lo dejamos cocer durante 20 minutos sin que hierva a borbotones.
4. Apagamos el fuego, lo tapamos y dejamos que repose 20 minutos más.

CALDO DE AVE

1. Metemos las carnes en una olla con agua fría y la ponemos al fuego. Cuando hierva, las retiramos y tiramos el agua.
2. Pasamos las carnes blanqueadas a otra olla con las verduras y agua limpia. Ponemos al fuego y, cuando hierva, bajamos el fuego al mínimo.
3. Dejamos cocinar a fuego suave durante 6 horas.

CALDO DE COCIDO

1. Blanqueamos las carnes, igual que hacemos con el caldo de ave.
2. Ponemos todos los ingredientes en frío, las verduras peladas y enteras, y cubrimos justo con agua limpia.
3. Dejamos cocinar a fuego suave durante 8 horas.

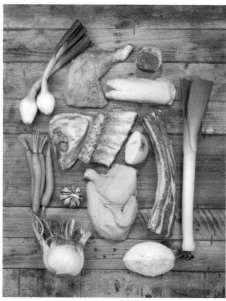

CLAVES PARA UN CALDO PERFECTO

1. Es preciso desespumar y desengrasar a conciencia y muy a menudo, especialmente al principio de la cocción. Para quitar la capa superior de grasa y espuma usamos un cucharón.
2. No debemos poner demasiada agua, que no llegue a cubrir del todo y, a ser posible, que sea agua mineral.
3. Para hacer caldos oscuros de ave o de cocido tendremos que tostar antes las carnes en el horno a 180 ºC durante unos 30 minutos. Estos caldos tienen un sabor más intenso y un color mucho más oscuro.
4. Para colar los caldos usamos un colador muy fino, una estameña o un trapo de algodón fino.
5. Si congelamos el caldo en cubiteras, podremos retirar la cantidad que necesitemos del congelador.
6. El caldo de ave sirve como base para otros caldos, por ejemplo, infusionado con huesos de jamón o con restos de setas.

COCINAR ES UNA
FIESTA

Siempre que hay algo que celebrar
nos reunimos alrededor de una buena mesa
y en la mejor compañía. Nos gusta convertir
la cocina en una fiesta para los sentidos.

CREMA FRÍA DE GARBANZOS

RACIONES

2 personas

TIEMPO DE PREPARACIÓN

180'

3 horas

INGREDIENTES

300 g de garbanzos
1 cebolla
3 dientes de ajo
1 guindilla
1 hoja de laurel
½ cucharadita
   de comino en grano
1 cucharada de sésamo
200 ml de leche evaporada
500 ml de caldo de cocido
Limón
Curry en polvo
Cilantro
Flores de borraja (opcional)
Aceite de oliva
Sal y pimienta
Pan de pita
150 g de harina de fuerza
120 g de harina de garbanzo
1 huevo
60 ml de leche
10 g de levadura fresca
Sal

1. La noche antes ponemos los garbanzos en remojo en abundante agua fría y unos granos de comino.

2. Para cocer los garbanzos, sofreímos la cebolla y los dientes de ajo picados en una olla con un poco de aceite de oliva y añadimos el sésamo y la hoja de laurel.

   TOQUE TORRES: cocinamos los garbanzos con caldo y leche para dar más cremosidad a la crema.

3. Agregamos a la olla los garbanzos y cubrimos con el caldo de cocido, la leche evaporada y el agua del remojo con los granos de comino para terminar de cubrir bien la legumbre. Lo ponemos a fuego suave durante dos horas y media. Una vez cocidos los garbanzos, reservamos algunos para la guarnición.

4. Para el pan de pita, mezclamos todos los ingredientes en un bol hasta conseguir una masa homogénea y lisa que dejamos reposar durante 1 hora.

5. Una vez reposada, la estiramos bien fina, de unos 2 milímetros de espesor, y cortamos círculos grandes con un cortapastas. Metemos los panes en el horno a 220 ºC durante 10 minutos.

6. Para la crema, retiramos la hoja de laurel y ponemos el resto de los garbanzos en el vaso de la batidora. Añadimos sal, pimienta, aceite de oliva y unas gotas de limón y trituramos con parte del caldo de la cocción hasta conseguir una crema espesa.

7. Para los garbanzos crujientes, calentamos un poco de aceite en una sartén y los salteamos hasta que estén bien dorados. Los retiramos y espolvoreamos con curry.

8. Para emplatar, repartimos la crema de garbanzos fría encima de los panes de pita, añadimos los garbanzos crujientes y terminamos con un poco de curry, unas hojas de cilantro, flores de borraja (opcional) y un poco de aceite de oliva en crudo.

LA PITA ES UN PAN PLANO TÍPICO DE ORIENTE MEDIO. SE CUECE A TEMPERATURAS MUY ALTAS, DE MODO QUE QUEDA CRUJIENTE POR FUERA Y HUECO POR DENTRO.

CREMA DE TOMATE CON AHUMADOS

RACIONES

2 personas

TIEMPO DE PREPARACIÓN

20 minutos

INGREDIENTES

8 tomates pera

1 cebolla

2 dientes de ajo

50 ml de vino manzanilla

1 cucharadita de miel

10 almendras de leche o crudas

1 filete de anguila ahumada

1 filete de sardina ahumada

Tomillo limón

Flores de borraja (opcional)

Aceite de oliva

Sal y pimienta

1. Picamos la cebolla en trozos regulares y el ajo en láminas. Los rehogamos con una pizca de sal en una cazuela con aceite de oliva.

2. Cuando se hayan ablandado, añadimos los tomates cortados en cuartos y el vino manzanilla. Dejamos cocinar a fuego medio unos 10 minutos.
   ✕ **TRUCO TORRES:** contrarrestamos la acidez del tomate con un poco de miel.

3. En el último momento rectificamos de sal y pimienta y añadimos un poco de miel. Trituramos la crema con la batidora y la pasamos por un colador para retirar las fibras. Dejamos enfriar un poco.

4. Cortamos los filetes de ahumados en trozos.

5. Para emplatar, ponemos la crema en un plato hondo, encima distribuimos los trozos de anguila y sardina ahumadas, unas hojas de tomillo limón, las almendras y las flores de borraja (opcional). Terminamos con un poco de aceite de oliva en crudo.

EL COLOR ROJO DEL TOMATE SE DEBE A UN COMPONENTE ANTIOXIDANTE, EL LICOPENO, QUE POTENCIA AÚN MÁS SU ACCIÓN CON LA COCCIÓN EN ACEITE DE OLIVA.

❈

LAS ALMENDRAS DE LECHE O ALMENDRUCOS SON LAS ALMENDRAS RECOGIDAS ANTES DE QUE MADUREN POR COMPLETO. SE PUEDEN SUSTITUIR POR ALMENDRAS CRUDAS Y PELADAS REMOJADAS UNAS HORAS EN LECHE.

❈

LA FLOR DE BORRAJA APARECE EN PRIMAVERA. TIENE UN SABOR FRESCO Y LIGERAMENTE DULCE.

ENSALADA DE ALCACHOFAS

RACIONES

2 personas

TIEMPO DE PREPARACIÓN

30 minutos

INGREDIENTES

6 alcachofas

2 tomates

1 chalota

3 anchoas

4 pepinillos

10 alcaparras

2 huevos

1 cucharada de mostaza
   casera (véase receta en
   la p. 151)

1 cucharada
   de vinagre blanco

Lima

Cebollino

Perejil

Aceite de oliva

Sal y pimienta

1. Empezamos cociendo los huevos en agua hirviendo con sal durante 9 minutos. Los retiramos del fuego y cortamos la cocción metiéndolos en agua fría.

2. Vamos quitando las hojas exteriores de la alcachofa, procurando que quede un poco de carne en la base, y reservamos la mitad de las hojas en un bol con agua fría y perejil.

3. Cuando lleguemos al corazón, retiramos las hojas pequeñas interiores blancas y las reservamos aparte. Limpiamos bien el corazón, eliminando la pelusa del centro, y ponemos las alcachofas limpias en agua con perejil.

4. Escaldamos unos segundos los tomates, los pasamos a agua con hielo y les quitamos la piel. Cortamos la carne, sin las pepitas, en dados pequeños.

5. En un bol mezclamos el tomate con las alcaparras, la chalota bien picada, las anchoas troceadas y los corazones de alcachofa y el huevo duro picados. Aliñamos con una cucharada de mostaza, vinagre, unas gotas de zumo de lima, aceite de oliva, sal y pimienta.

6. Freímos las hojas blancas interiores de la alcachofa en abundante aceite hasta que estén crujientes, como unas chips. Las retiramos a un plato con papel absorbente y las salamos ligeramente.
   TOQUE TORRES: usamos las hojas de la alcachofa para emplatar la ensalada.

7. Las hojas exteriores de la alcachofa nos van a servir de cuchara: las rellenamos con el picadillo de alcachofa y las ponemos en una fuente. Dejamos un espacio en el centro de la fuente para las chips y terminamos con un poco de cebollino picado.

PARA COMER COGEMOS LA HOJA DE ALCACHOFA POR LA PUNTA, NOS COMEMOS EL RELLENO Y MORDEMOS LA PARTE INFERIOR DE LA HOJA, QUE TIENE ALGO DE CARNE.

✹

LA VITAMINA C EVITA QUE LAS ALCACHOFAS SE OXIDEN; PODEMOS USAR ZUMO DE LIMÓN O BIEN LOS TALLOS DEL PEREJIL, MUY RICO EN ESTA VITAMINA.

TOMATES RELLENOS DE MARISCO

RACIONES

2 personas

TIEMPO DE PREPARACIÓN

30 minutos
+ 1 hora de reposo

INGREDIENTES

6 tomates en rama

1 pulpo pequeño de costa

150 g de langostinos

1 cebolla tierna

½ pimiento rojo

1 rama de apio

1 huevo cocido

1 escarola

1 cucharada
 de vinagre de Jerez

1 lima

Cebollino

Aceite de oliva

Sal y pimienta

1. Cocemos el pulpo en agua con sal durante 20 minutos o hasta que esté tierno.

2. Ponemos los langostinos a cocer con el pulpo durante 1 minuto. Después los retiramos y los reservamos en agua con hielo y sal para que se enfríen.

3. Aprovechamos la misma olla donde se cocina el pulpo para escaldar durante 10 segundos los tomates. Después los retiramos al bol de agua con hielo y los pelamos.

4. Cortamos la parte superior, que reservamos, y vaciamos cada tomate. Dejamos la pulpa del interior en un colador.

5. Retiramos el pulpo de la olla y lo dejamos enfriar antes de continuar. Seguidamente, cortamos las patas en rodajas pequeñas y las ponemos en un bol.

6. Pelamos los langostinos, los picamos y los añadimos al pulpo. Apretamos las cabezas para sacar los jugos, que reservamos en otro bol.

7. Añadimos la cebolla tierna, el apio y el pimiento picados y la pulpa de tomate colada al bol del salpicón, la clara del huevo cocida rallada y aliñamos con sal, pimienta, unas gotas de zumo de lima y aceite de oliva.

    ✗ **TRUCO TORRES:** usamos la yema de huevo cocida para dar cremosidad a la vinagreta.

8. Preparamos una vinagreta batiendo la yema de huevo cocida con los jugos de las cabezas de los langostinos, zumo y ralladura de lima, cebollino, vinagre de Jerez, aceite de oliva, sal y pimienta.

9. Mezclamos el salpicón con la vinagreta y rellenamos los tomates. Los emplatamos encima de una cama de escarola aliñada con sal y aceite y los rociamos con aceite de oliva.

SI USAMOS UN PULPO GRANDE,
DEBEMOS CONGELARLO ANTES PARA ROMPER LAS FIBRAS,
Y COCERLO UNOS 40 MINUTOS.

BURRATA CON CALABAZA ASADA

RACIONES

2 personas

TIEMPO DE PREPARACIÓN

45 minutos
+ 1 hora de reposo

INGREDIENTES

1 burrata

1 calabaza pequeña

20 g de rúcula

1 rama de romero

1 rama de tomillo

Albahaca

Aceite de oliva

Sal y pimienta

Vinagreta

3 filetes de anchoa

20 g de pipas de calabaza

15 g de pipas de girasol

1 cucharada
   de vinagre de sidra

Limón

Aceite de oliva

Sal y pimienta

1. Pelamos la calabaza, quitamos las pepitas y cortamos la pulpa en gajos.

2. Ponemos los gajos de calabaza en una fuente para horno, los sazonamos con romero y tomillo picados, aceite de oliva, sal y pimienta, y tapamos con papel de aluminio.

3. Asamos la calabaza al horno a 180 ºC entre 30 y 40 minutos hasta que esté tierna y dorada. Después la dejamos enfriar un poco.

4. Para la vinagreta, picamos las anchoas y las ponemos en un bol. Añadimos los jugos de asar la calabaza, las pipas, el vinagre de sidra, un poco de zumo de limón y aceite de oliva. Sazonamos con sal y pimienta y mezclamos con una cuchara; no tiene que emulsionar.

5. Al emplatar, disponemos los gajos de calabaza formando un círculo, en el centro colocamos la burrata y salseamos todo el conjunto con la vinagreta. Terminamos el plato con la rúcula y unas hojas de albahaca.

PARA HACER PIPAS DE CALABAZA CASERAS, LIMPIAMOS BIEN LAS PEPITAS DE CALABAZA, DESPUÉS LAS SECAMOS UNAS HORAS Y TOSTAMOS EN UNA SARTÉN SIN ACEITE Y A FUEGO SUAVE.

LA BURRATA TIENE SU ORIGEN EN PUGLIA (ITALIA), EN EL SIGLO XX, Y NACIÓ COMO UNA FORMA DE APROVECHAR LOS RESTOS DE MOZZARELLA.

PODEMOS ENCONTRAR CALABAZAS TODO EL AÑO; LAS MÁS HABITUALES SON DE INVIERNO, PERO TAMBIÉN EXISTEN VARIEDADES DE VERANO QUE TIENEN LA PIEL MÁS CLARA Y FINA.

ENSALADA TIBIA DE LENTEJAS CON PICHÓN

RACIONES

2 personas

TIEMPO DE PREPARACIÓN

50 minutos

INGREDIENTES

1 pichón
200 g de lentejas beluga
2 chalotas
4 dientes de ajo
1 hueso de jamón
2 zanahorias
5 rabanitos
5 cebollitas
60 g de jamón
2 cucharadas
   de vinagre de Jerez
1 rama de tomillo
Cebollino
Aceite de oliva
Sal y pimienta

1. Separamos primero los muslos y las pechugas de la carcasa del pichón.
   ✕ **TRUCO TORRES:** cocinamos las lentejas con parte del pichón para potenciar el sabor.

2. En una olla ponemos una chalota cortada en trozos grandes, los dientes de ajo enteros, un hueso de jamón, la carcasa y los muslos de pichón, el tomillo y las lentejas. Cubrimos con agua (un dedo por encima de las lentejas), añadimos un poco de sal y ponemos al fuego. Cuando rompa a hervir, bajamos el fuego y cocinamos unos 30 minutos hasta que se queden sin caldo.

3. Una vez cocidas, separamos las lentejas del resto de los ingredientes y reservamos los muslos de pichón.

4. Salpimentamos las pechugas y las doramos por la parte de la piel en una sartén caliente con un poco de aceite. Cuando la piel esté bien crujiente, les damos la vuelta y las dejamos cocinar 1 minuto más. Las retiramos y reservamos para el emplatado.

5. En la misma sartén salteamos ligeramente la otra chalota picada, las cebollitas cortadas en cuartos, los rabanitos en gajos y las zanahorias en dados pequeños. Luego añadimos el jamón y desglasamos con el vinagre de Jerez.

6. Agregamos las lentejas al salteado y damos un par de vueltas para que se mezclen bien.

7. Escalopamos las pechugas de pichón y las emplatamos con los muslos que hemos reservado. Al lado disponemos las lentejas con las verduras y decoramos con cebollino picado y un poco de aceite de oliva en crudo.

LA CRÍA Y CONSUMO DE PICHÓN EN ESPAÑA
PRÁCTICAMENTE DESAPARECIÓ EN LOS AÑOS SETENTA
Y SE HA REVALORIZADO EN LOS ÚLTIMOS AÑOS.

❋

EL NOMBRE DE LENTEJA BELUGA VIENE DE SU ASPECTO,
PARECIDO AL DEL CAVIAR. ES UNA LENTEJA DE SABOR
DELICADO Y ELEGANTE.

PATATAS RELLENAS DE TRUFA

RACIONES

4 personas

TIEMPO DE PREPARACIÓN

45 minutos

INGREDIENTES

8 patatas nuevas pequeñas
8 huevos de codorniz
1 trufa mediana
½ coliflor
Aceite de oliva
Sal y pimienta

1. Cocemos las patatas enteras (con la piel) en abundante agua con sal durante 20 o 25 minutos.
2. Por otro lado, cocemos la coliflor troceada en agua con sal hasta que esté tierna, unos 10 minutos.
   TRUCO TORRES: aprovechamos la piel de la trufa para el relleno.
3. Quitamos la parte exterior de la trufa y la picamos muy fina. Cortamos ocho láminas finas del resto de la trufa.
4. Dejamos enfriar un poco las patatas, les cortamos las puntas para darles una forma cilíndrica y las vaciamos con un sacabolas.
5. En un bol ponemos los restos de la patata sin piel, la coliflor, la piel de la trufa picada, aceite de oliva, sal y pimienta. Machacamos todo con un tenedor o trituramos con la batidora hasta obtener un puré homogéneo.
6. Abrimos los huevos de codorniz cortando la parte superior con una puntilla. Los cocinamos en una sartén con unas gotas de aceite y un poco de sal.
7. Marcamos las patatas por la base en la misma sartén de los huevos, con un poco de aceite de oliva.
8. Rellenamos las patatas con el puré de coliflor y trufa, coronamos cada patata con una lámina de trufa y el huevo frito encima.

PARA UNA MEJOR PRESENTACIÓN,
PODEMOS CORTAR LOS HUEVOS CON UN CORTAPASTAS
DEL TAMAÑO DE LA PATATA.

PODEMOS TRUFAR LOS HUEVOS DE CODORNIZ SI
LOS DEJAMOS EN UN TARRO CERRADO CON LA TRUFA
DURANTE 3 DÍAS EN LA NEVERA.

SI NO ENCONTRAMOS TRUFA FRESCA,
PODEMOS ALIÑAR EL PURÉ CON ACEITE TRUFADO
O JUGO DE TRUFA EN CONSERVA.

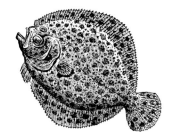

RISOTTO DE RODABALLO Y GAMBAS

RACIONES

2 personas

TIEMPO DE PREPARACIÓN

35 minutos

INGREDIENTES

160 g de arroz carnaroli

1 rodaballo pequeño

12 gambas

½ cebolla

¼ de pimiento rojo

¼ de pimiento verde

2 tomates maduros

¼ de yuca

Cúrcuma fresca

100 ml de leche de coco

Cebollino

Aceite de oliva

Sal y pimienta

Caldo

Las espinas del rodaballo

½ cebolla

1 puerro

8 granos de pimienta de Jamaica

800 ml de agua

1. Para el caldo, ponemos en una olla las espinas del rodaballo y las verduras cortadas en trozos grandes. Añadimos la pimienta y cubrimos con el agua. Cuando hierva, bajamos el fuego y dejamos cocinar unos 15 minutos.

2. Sofreímos la cebolla y los pimientos picados en una cazuela con aceite de oliva. Cuando se hayan ablandado, añadimos el tomate rallado, la yuca en dados y un trozo de cúrcuma fresca picada y dejamos unos minutos, hasta que el sofrito se reduzca.

3. Agregamos el arroz y lo mezclamos bien con el sofrito. Mojamos con un par de cucharones del caldo de rodaballo colado y removemos bien. Vamos mojando con el caldo a medida que lo necesite y removemos el arroz con frecuencia durante 16 minutos.

4. Con el arroz casi a punto, añadimos el rodaballo cortado y las gambas peladas, que dejaremos cocinar 1 minuto.
   TOQUE TORRES: usamos leche de coco para mantecar el risotto.

5. Retiramos del fuego, vertemos la leche de coco y removemos bien para que ligue todo el conjunto.

6. Emplatamos con un poco de cebollino picado o unos brotes por encima.

ESTA RECETA ES UNA FUSIÓN DEL RISOTTO ITALIANO Y LA MOQUECA, UN GUISO BRASILEÑO DE PESCADO CON LECHE DE COCO.

LA LECHE DE COCO ES PULPA DE COCO TRITURADA CON AGUA. ES ALTA EN GRASAS Y NO TIENE LACTOSA.

LA CÚRCUMA FRESCA ES UNA RAÍZ PARECIDA AL JENGIBRE PERO MÁS PEQUEÑA. SE PUEDE SUSTITUIR POR UNA CUCHARADITA DE CÚRCUMA EN POLVO O AZAFRÁN.

ARROZ SECO DE CONEJO, COSTILLA Y PULPO

RACIONES

4 personas

TIEMPO DE PREPARACIÓN

40 minutos

INGREDIENTES

300 g de arroz bomba

300 g de costilla
de cerdo ibérico

4 piernas de conejo

2 pulpos pequeños de costa

100 g de garrofón

3 alcachofas

½ cebolla

½ pimiento rojo

1 diente de ajo

2 tomates

1 cucharadita
de pimentón picante

1 rama de tomillo

1 hoja de laurel

1 l de agua

Perejil

Aceite de oliva

Sal y pimienta

 TOQUE TORRES: preparamos un arroz mar y montaña.

1. Doramos las carnes cortadas en dados en una paella con aceite de oliva. Añadimos los pulpos limpios y troceados y seguimos dorando.

2. Añadimos el ajo con la piel, la cebolla y el pimiento picados y las hierbas aromáticas. Cuando estén sofritos, agregamos el pimentón picante y enseguida el tomate triturado para que el pimentón no se queme y amargue. Dejamos reducir el sofrito hasta que esté brillante.

3. Ponemos el arroz en la paella y lo nacaramos bien. Añadimos las alcachofas en cuartos y los garrofones y mojamos con el agua caliente. Dejamos cocinar 18 minutos, hasta que el arroz esté seco y en su punto.

4. Servimos en la paella con perejil picado por encima.

PARA CONSEGUIR EL *SOCARRAT* HAY QUE DEJAR
QUE LA BASE SE TUESTE PERO SIN QUE LLEGUE A QUEMARSE.
APAGAREMOS EL FUEGO CUANDO EL ARROZ EMPIECE
A PEGARSE A LA PAELLA.

✖

EL GARROFÓN ES UNA ALUBIA DE GRAN TAMAÑO
MUY HABITUAL EN LA COCINA VALENCIANA.

✖

LOS PULPOS DE COSTA SON PEQUEÑOS, PESAN MENOS
DE 500 GRAMOS, Y SU COCCIÓN ES MÁS CORTA. SI USAMOS
UN PULPO GRANDE, TENDREMOS QUE COCERLO ANTES.

ARROZ CALDOSO DE CARRILLERAS Y REBOZUELOS

RACIONES

2 personas

TIEMPO DE PREPARACIÓN (60')

1 hora

INGREDIENTES

200 g de arroz bomba

4 carrilleras de cerdo ibérico

100 g de rebozuelos

1 cebolla

3 dientes de ajo

2 tomates maduros

½ pimiento rojo

60 ml de vino Montilla-Moriles

1 l de caldo de remojo

1 cucharadita
   de pimentón de la Vera

1 rama de tomillo y romero

Tomillo limón

Aceite de oliva

Sal y pimienta

1. Cortamos las carrilleras, limpias de grasa y telillas, en dados y las doramos muy bien en una cazuela honda con aceite de oliva.

2. Añadimos la cebolla, el pimiento y el ajo picados junto con el romero y el tomillo. Cuando las verduras estén sofritas, agregamos el tomate triturado y dejamos que el sofrito se reduzca.

3. Añadimos el pimentón, el vino y esperamos a que evapore el alcohol y agregamos el caldo. Dejamos cocinar a fuego suave durante 30 minutos.

   ✕ **TRUCO TORRES:** partimos de un guiso para hacer un arroz caldoso.

4. Añadimos el arroz y las setas limpias y dejamos cocinar 17-18 minutos, hasta que el arroz esté en su punto.

5. Emplatamos el arroz en un plato hondo y terminamos espolvoreando con tomillo limón picado por encima.

EL CALDO DE REMOJO SE OBTIENE VOLVIENDO A COCINAR LAS CARNES Y VERDURAS DE UN CALDO CON OTRA AGUA.

❈

LOS REBOZUELOS SON FÁCILES DE ENCONTRAR EN OTOÑO. SI NO, PODEMOS UTILIZAR SETAS DE CULTIVO, EN CONSERVA O SETAS SECAS Y REHIDRATADAS.

❈

LA CARRILLERA ES EL MÚSCULO DEL MOFLETE DEL CERDO O LA TERNERA. ES UNA CARNE CON GRAN INFILTRACIÓN DE GRASA Y QUE REQUIERE UNA COCCIÓN PROLONGADA.

CABALLA CON CREMA DE MANZANA

RACIONES

2 personas

TIEMPO DE PREPARACIÓN
25'

25 minutos

INGREDIENTES

2 caballas
2 manzanas Granny Smith
½ apionabo
150 ml de nata
½ vaina de vainilla
1 cucharada de mantequilla
Aceite de oliva
Sal y pimienta
Extra
Madera para ahumar y ramas secas de tomillo y romero

1. Pelamos y cortamos el apionabo en trozos y lo ponemos a cocer en agua hirviendo sin sal durante 10 minutos.
   🔥 **TOQUE TORRES:** la vainilla aporta un toque diferente a esta crema salada.

2. En otro cazo ponemos a calentar la nata con la media vaina de vainilla abierta y dejamos a fuego suave que vaya infusionando.

3. Pelamos y troceamos la manzana, reservando una parte con piel para el emplatado. Añadimos la manzana y el apionabo cocido a la nata, rectificamos de sal y pimienta y dejamos cocinar unos 5 minutos más.

4. Retiramos la vaina de vainilla y trituramos la crema con la mantequilla hasta obtener una textura cremosa y suave.

5. Fileteamos la caballa y le quitamos las espinas, o pedimos en la pescadería que nos la preparen así.

6. Incorporamos unas ramas secas de hierbas aromáticas y madera de ahumar a la brasa encendida, lo que provocará bastante humo. Colocamos los filetes de caballa salpimentados en la rejilla de la brasa y tapamos con una tapa o bandeja para que se ahúmen y se cocinen al mismo tiempo durante 2 minutos.

7. Para emplatar, ponemos una base de crema de apionabo y manzana, encima los filetes de caballa y terminamos con un poco de aceite de oliva y unos bastones de manzana crudos por encima.

EL APIONABO ES UN TIPO DE APIO DEL QUE SE CONSUME LA RAÍZ. SE CULTIVA ESPECIALMENTE EN EL NORTE Y ESTE DE EUROPA.

LA MANZANA GRANNY SMITH, CRUJIENTE Y ÁCIDA, COMPLEMENTA BIEN EL DULZOR DEL APIONABO.

TAMBIÉN PODEMOS AHUMAR EN EL HORNO. PONEMOS EL GRILL A MÁXIMA POTENCIA, LA CABALLA EN UNA REJILLA Y PRENDEMOS DEBAJO LAS RAMAS Y MADERAS. SOPLAMOS HASTA QUE NO HAYA LLAMA Y CERRAMOS EL HORNO.

TRUCHA MARINADA AL HORNO CON CÍTRICOS

RACIONES

4 personas

TIEMPO DE PREPARACIÓN

45'

45 minutos

INGREDIENTES

1 trucha asalmonada grande

2 lonchas gruesas de grasa de jamón

1 naranja

1 lima

1 limón

100 ml de vino blanco

4 lonchas finas de panceta curada

15 g de alcaparras

10 cebollitas encurtidas

5 puerros pequeños

Huevas de trucha (opcional)

Sal y pimienta

Hojas de eneldo

Marinada

1 kg de sal gruesa

100 g de azúcar moreno

1 rama de tomillo limón

1 rama de eneldo

Ralladura de naranja, lima y limón

1. Preparamos la marinada mezclando la sal, el azúcar, las hierbas aromáticas bien picadas y la piel rallada de la naranja, la lima y el limón.

2. Ponemos una base de marinada en una fuente, encima uno de los filetes de trucha, limpio y sin espinas, con la piel hacia abajo. Añadimos un poco más de marinada encima, colocamos el otro filete con la carne hacia abajo y cubrimos con el resto de la marinada. Dejamos reposar 20 minutos.

3. Una vez marinado, limpiamos los filetes bajo el grifo para retirar cualquier resto de sal.

   TOQUE TORRES: para esta trucha usaremos sólo la grasa del jamón.

4. Cortamos la grasa de jamón y la ponemos en una sartén, a fuego suave, con unas gotas de agua para que se funda parte de la grasa y obtener unos chicharrones.

5. Escaldamos la parte blanca de los puerros durante medio minuto en agua hirviendo con sal.

6. Pelamos los cítricos y los cortamos en rodajas. Colocamos las rodajas de cítricos en la base de una fuente, encima los puerros escaldados, las cebollitas, las alcaparras y uno de los filetes de trucha con la piel hacia abajo.

7. Cubrimos el filete con las lonchas de panceta curada y tapamos con el otro filete con la piel hacia arriba. Pintamos la trucha con parte de la grasa de jamón que se va fundiendo.

8. Vertemos el vino blanco en la fuente y horneamos a 160 °C durante 10 minutos.

9. Emplatamos con los chicharrones, un poco más de grasa de jamón por encima de la trucha, las huevas (opcional) y unas hojas de eneldo.

SI LA TRUCHA TIENE HUEVOS, PODEMOS CONSERVARLOS EN SALMUERA (MEDIO LITRO DE AGUA CON 25 GRAMOS DE SAL) Y OBTENER ASÍ CAVIAR.

SALMONETES CRUJIENTES CON VERDURAS

RACIONES

2 personas

TIEMPO DE PREPARACIÓN

25 minutos

INGREDIENTES

2 salmonetes
1 calabacín
1 zanahoria
1 cebolleta
½ pimiento rojo
4 champiñones
1 diente de ajo
Vinagre blanco
Aceite de avellana
Aceite de oliva

1. Desescamamos, limpiamos y fileteamos los salmonetes, reservando también los hígados. Limpiamos bien la espina y la cabeza, retirando ojos y agallas, y las partimos por la mitad.
TOQUE TORRES: aprovechamos todo el salmonete y conseguimos dos texturas.

2. Freímos las cabezas, las espinas y los hígados en una olla con abundante aceite de oliva hasta que estén muy crujientes.

3. Hecho esto, retiramos la fritura a un vaso de batidora, añadimos un poco de aceite de avellana y un diente de ajo y trituramos hasta conseguir una pasta espesa.

4. Cortamos las verduras en dados pequeños.

5. Marcamos los salmonetes por la parte de la piel en una sartén caliente con aceite de oliva durante 1 minuto y los retiramos a una fuente de horno.

6. Ponemos un poco de la pasta de las espinas sobre la carne de un filete y cubrimos con otro. Los metemos en el horno con el grill encendido unos 3 minutos para que se terminen de cocinar y queden crujientes.

7. Salteamos unos minutos las verduras en la misma sartén del salmonete. Cuando estén en su punto, algo crujientes, retiramos del fuego y añadimos unas gotas de vinagre blanco.

8. Para emplatar, hacemos una cama de verduras salteadas y los filetes de salmonete encima.

HAY DOS TIPOS DE SALMONETES, DE FANGO Y DE ROCA. EL ÚLTIMO ES EL MÁS APRECIADO Y TAMBIÉN SE CONOCE COMO SALMONETE RAYADO O DE BUENA CASTA.

PARA DESESCAMAR PESCADOS PEQUEÑOS COMO EL SALMONETE, LO HACEMOS BAJO EL GRIFO Y RETIRANDO LAS ESCAMAS CON LAS YEMAS DE LOS DEDOS.

EL ACEITE DE AVELLANA APORTA SABOR A FRUTOS SECOS, PERO SE PUEDE SUSTITUIR POR UN PAR DE AVELLANAS TOSTADAS Y ACEITE DE OLIVA.

RODABALLO CON COLIFLOR

RACIONES

2 personas

TIEMPO DE PREPARACIÓN

30'

30 minutos

INGREDIENTES

500 g de rodaballo
  en filetes

1 coliflor pequeña

120 ml de nata

1 cucharada de mantequilla

1 lima

Coliflor encurtida
  (véase receta en la p. 57)

Tomillo limón

Brotes tiernos

Nuez moscada

Aceite de oliva

Sal y pimienta

1. Salpimentamos los filetes de rodaballo y los metemos en una bolsa con cierre *zip*. Añadimos una rama de tomillo limón y un poco de aceite de oliva.
✕ **TRUCO TORRES:** cocinamos el rodaballo con una técnica de vacío casera.

2. Cerramos casi del todo el *zip* de la bolsa y la sumergimos en agua con hielo sin llegar al cierre, de modo que salga el aire y hagamos un vacío casero. Terminamos de cerrar y envolvemos bien la bolsa con papel film para sellarla.

3. Ponemos el rodaballo en una olla con agua sin que llegue a hervir (unos 70 ºC aproximadamente) y lo dejamos 10 minutos.

4. Para el cuscús de coliflor, rallamos o trituramos con una picadora manual un tercio de los ramilletes de coliflor. Lo aliñamos con sal, pimienta y ralladura de lima, y reservamos para el emplatado.

5. Ponemos a cocer el resto de la coliflor en un cazo con la nata, un poco de nuez moscada, sal y pimienta durante unos 8 minutos.

6. Retiramos el rodaballo de la bolsa, quitamos la piel oscura de los filetes y recogemos los jugos.

7. Trituramos la crema de coliflor con los jugos de la cocción del rodaballo y la mantequilla.

8. Emplatamos con una base de crema de coliflor, luego el filete de rodaballo encima y lo cubrimos con el cuscús de coliflor. Terminamos el plato con unos ramilletes de coliflor encurtida, los brotes tiernos y un poco de aceite de oliva en crudo.

EL RODABALLO DE PISCIFACTORÍA SE DISTINGUE
DEL SALVAJE POR TENER UN COLOR MÁS VERDOSO
Y MENOS PINCHOS EN LA PIEL.

❋

PARA EL VACÍO CASERO, EL CONTRASTE DE TEMPERATURA
CON EL HIELO PROVOCA QUE EL AIRE SUBA Y SALGA
POR LA PARTE DE LA BOLSA SIN CERRAR. ESTA TÉCNICA
TAMBIÉN FUNCIONA CON AGUA CALIENTE.

BOGAVANTE A LA GALLEGA

RACIONES

2 personas

TIEMPO DE PREPARACIÓN

30'

30 minutos

INGREDIENTES

1 bogavante
10 patatas primor pequeñas
2 yemas de huevo
100 ml de aceite de oliva
1 cucharadita
   de pimentón de la Vera
1 hoja de laurel
10 granos de pimienta negra
1 rama de estragón
Cebollino
Aceite de oliva
Sal

1. Hervimos las patatas, enteras y con la piel, en una olla amplia con agua, sal, una hoja de laurel y pimienta negra durante unos 15 minutos.

2. Añadimos el bogavante y lo dejamos cocinar 4 minutos, retiramos las pinzas y las cocemos 2 minutos más.

3. Metemos el bogavante cocido en agua con hielo unos segundos y lo reservamos.

4. Quitamos la cabeza del bogavante y recuperamos todos los jugos y el coral. Pelamos el cuerpo y lo cortamos en medallones. Sacamos las pinzas, las pasamos por agua y hielo y recuperamos también su carne.

   ▥▥ **TOQUE TORRES:** hacemos una versión de la salsa holandesa con aceite de oliva.

5. Ponemos las yemas en un bol al baño maría con el estragón picado. Las batimos hasta que empiecen a montar. Entonces retiramos el bol del fuego, añadimos el aceite, poco a poco, y seguimos batiendo para emulsionar. Finalmente añadimos los jugos del bogavante, el pimentón y mezclamos bien.

6. Escurrimos las patatas y las cortamos en rodajas sin quitarles la piel.

7. Disponemos las patatas en una fuente, salseamos con la salsa holandesa y colocamos encima los medallones y las pinzas del bogavante. Terminamos con un poco de pimentón de la Vera, aceite de oliva y cebollino picado.

LAS PATATAS PRIMOR SE COSECHAN ANTES DE QUE ESTÉN COMPLETAMENTE MADURAS. SE PUEDEN SUSTITUIR POR PATATAS NUEVAS PEQUEÑAS.

✖

LA SALSA HOLANDESA TRADICIONAL ES UNA EMULSIÓN EN CALIENTE DE YEMA DE HUEVO CON MANTEQUILLA CLARIFICADA.

✖

SABEMOS QUE LAS YEMAS MONTAN PORQUE SE VUELVEN BLANQUECINAS Y AUMENTAN DE VOLUMEN.

POLLO BARREADO

RACIONES

2 personas

TIEMPO DE PREPARACIÓN

1 hora y 45 minutos

INGREDIENTES

1 pollo de corral
150 ml de vino blanco
3 manzanas Royal Gala
10 tomates secos
3 vainas de cardamomo
1 huevo batido
Piel de naranja
Sal y pimienta
Masa de pan
500 g de harina de trigo
450 g de agua
30 ml de aceite
1 cucharada de orégano seco
Tomillo fresco picado
Sal

1. Para la masa, mezclamos todos los ingredientes en un bol. Cuando estén todos integrados, pasamos a la encimera y amasamos estirando y plegando la masa hasta que esté fina y sedosa. Hacemos una bola con ella, la tapamos con un trapo limpio y la dejamos reposar unos minutos.

2. Cortamos las manzanas por la mitad, retiramos el corazón y las cortamos en gajos con la piel.

3. Ponemos la manzana en el fondo de una cazuela honda. Encima colocamos el pollo troceado y salpimentado, los tomates secos troceados, el cardamomo y un trozo de piel de naranja. Mojamos con el vino blanco y tapamos.

4. Estiramos la masa hasta formar un churro largo. Sellamos la junta entre la cazuela y la tapa con la masa de pan y la pintamos con el huevo batido para que quede dorada.

5. Horneamos el pollo a 180 °C durante una hora y media.

6. Presentamos el pollo en la misma cazuela, rompemos el pan y lo usamos para acompañar el pollo.

AL SELLAR LA TAPA, LOS INGREDIENTES DE
LA RECETA SE COCINAN AL VACÍO Y NO SE PIERDEN
NI LOS JUGOS NI LOS AROMAS.

❧

EL BARREADO ES UNA RECETA BRASILEÑA DE CARNE
QUE SE COCINA EN UNA CAZUELA DE BARRO SELLADA
CON UNA MASA DE HARINA DE MANDIOCA Y AGUA.

❧

LAS MANZANAS ROYAL GALA PROCEDEN
DE NUEVA ZELANDA Y SU NOMBRE ES EN HONOR
A LA REINA ISABEL II DE INGLATERRA.

MAGRET DE PATO CON HIGOS

RACIONES

2 personas

TIEMPO DE PREPARACIÓN

60'

1 hora

INGREDIENTES

Albóndigas

1 magret de pato

800 g de sal

80 g de azúcar

7 higos frescos,
   enteros y con la piel

3 cucharadas de salsa de soja

1 cucharada de miel

Mantequilla

Aceite de oliva

Sal y pimienta

Extra

Hojas de higuera

1. Preparamos una marinada mezclando la sal con el azúcar y un poco de pimienta. En una bandeja, ponemos una base de marinada, encima el magret y tapamos con el resto de la mezcla de sal y azúcar. Dejamos reposar 30 minutos.

2. Limpiamos bien la carne bajo el grifo para retirar los restos de la marinada. Hacemos unos cortes superficiales en forma de rombo en la grasa, sin llegar a la carne.

3. Calentamos una sartén con unas gotas de aceite y doramos bien el magret. Primero por el lado de la grasa y, cuando haya soltado parte de la grasa, por el lado de la carne.

4. Mientras tanto trituramos tres higos enteros con la salsa de soja y la miel.

5. Retiramos la carne de la sartén y pintamos bien el lado de la grasa con la salsa de higos.

   ✕ **TRUCO TORRES:** cocinamos con hojas de higuera.

6. Ponemos unas hojas de higuera como cama en una bandeja de horno, encima el magret y tapamos con más hojas de higuera. Metemos en el horno a 180 ºC durante 10 minutos para terminar la cocción.

7. Fundimos mantequilla en una sartén y salteamos el resto de los higos cortados por la mitad con un poco de sal y pimienta.

8. Retiramos la carne del horno, la escalopamos y servimos acompañada de los higos salteados.

LA MARINADA AYUDA A QUE LA CARNE QUEDE
MÁS TIERNA Y LE DA EL PUNTO JUSTO DE SAL.

LA TEMPORADA DE LAS BREVAS ES EN JUNIO Y JULIO,
Y LA DE LOS HIGOS, EN AGOSTO Y SEPTIEMBRE.

A FALTA DE HOJAS DE HIGUERA, PODEMOS USAR HOJAS
DE PARRA O PAPEL SULFURIZADO.

TACOS DE CARRILLERAS IBÉRICAS

RACIONES

2 personas

TIEMPO DE PREPARACIÓN

3 horas

180'

INGREDIENTES

4 carrilleras de cerdo ibérico
1 cebolla
1 cabeza de ajos
1 chirivía
2 tomates maduros
300 ml de vino tinto
300 ml de agua
1 rama de tomillo
1 rama de romero
Aceite de oliva
Sal y pimienta

Tacos

220 g de harina de maíz blanco
200 ml de agua
1 cebolla morada
1 lima
½ guindilla
1 chile jalapeño (opcional)
Cilantro
Sal

1. Limpiamos bien las carrilleras de grasa y las salpimentamos. Doramos en una olla con aceite de oliva y vamos reservando a medida que estén listas.
   TOQUE TORRES: usaremos chirivía en lugar de zanahoria.

2. En la misma olla ponemos la cebolla cortada en trozos, la cabeza de ajos entera con un corte en la parte superior, la chirivía en trozos y las hierbas aromáticas.

3. Cuando las verduras se hayan ablandado, añadimos el tomate en trozos y dejamos sofreír unos minutos.

4. Incorporamos las carrilleras al sofrito y cubrimos con el vino y el agua. Tapamos, bajamos el fuego al mínimo y dejamos cocinar durante dos horas y media.

5. Para encurtir la cebolla del relleno de los tacos, cortamos la cebolla morada en juliana y la ponemos en un bol con agua, hielo, el zumo de la lima, la guindilla sin semillas, cilantro picado y un poco de sal. Dejamos encurtir mientras se cocinan las carrilleras.

6. Una vez cocidas, ponemos tres cucharones del caldo de la carne a reducir en una sartén. Deshilachamos la carne con las manos y la mezclamos con el caldo reducido.

7. Para las tortillas, mezclamos la harina con el agua y la sal hasta tener una mezcla homogénea. Formamos pequeñas bolas y las aplanamos con un rodillo. Calentamos una sartén con unas gotas de aceite y cocinamos las tortillas por las dos caras.

8. Emplatamos con la carne deshilachada en el centro de la tortilla, la cebolla encurtida y unas rodajas de jalapeño encima.

LA SALSA SOBRANTE DE LAS CARRILLERAS
SE PUEDE CONGELAR PARA USAR COMO POTENCIADOR
DE SABOR EN OTROS PLATOS DE CARNE.

■

PARA MANTENER LAS TORTILLAS CALIENTES,
LAS COLOCAMOS UNAS SOBRE LAS OTRAS Y LAS TAPAMOS
CON UN TRAPO DE ALGODÓN.

HELADO DE PLÁTANO CON MERMELADA DE PIÑA Y COCO

RACIONES

2 personas

TIEMPO DE PREPARACIÓN

30 minutos
+ 4 horas congelado

INGREDIENTES

2 plátanos maduros
140 ml de nata
70 ml de leche
15 ml de ron
30 g de azúcar
30 g de miel
2 hojas de gelatina
½ limón
Helado de coco
Confitura
½ piña
¼ de coco
1 anís estrellado
80 g de azúcar moreno

1. Ponemos las hojas de gelatina en un bol con agua muy fría.
2. Apretamos el plátano para despegar un poco la carne de la piel. Hacemos dos cortes pequeños en los extremos y un corte a lo largo. Separamos con cuidado la piel del plátano, que retiramos entero. Reservamos las pieles.
3. Calentamos 40 mililitros de nata con la leche, el ron, el azúcar y la miel en un cazo. Añadimos los plátanos cortados en rodajas y un poco de zumo de limón para que no se oxide. Removemos bien y dejamos que rompa el hervor.
4. Retiramos del fuego y añadimos las hojas de gelatina, hidratadas y bien escurridas, y removemos para que se disuelvan del todo.
5. Trituramos el conjunto con la batidora hasta obtener un puré fino.
6. Batimos la nata hasta que esté semimontada y la incorporamos al puré de plátano haciendo movimientos envolventes. La reservamos en una manga pastelera en la nevera durante 2 horas.
   ✕ **TRUCO TORRES:** usamos las pieles de plátano como moldes.
7. Cuando la mousse esté bien fría, rellenamos las pieles de plátano y los metemos en el congelador hasta que estén bien helados.
8. Para la confitura de piña, calentamos el agua que haya salido de abrir el coco y el azúcar moreno en un cazo.
9. Cortamos la piña en dados pequeños y los incorporamos al cazo junto con el anís estrellado. Dejamos cocinar a fuego suave hasta que se evapore todo el líquido y se caramelice la piña.
10. En el último momento añadimos la pulpa del coco rallado a la confitura y removemos bien.
11. Retiramos los plátanos del congelador, quitamos la piel y emplatamos el helado de plátano sobre una base de piña y coco. Acompañamos con una bola de helado de coco.

LA MIEL, EL ALCOHOL Y LA GELATINA DIFICULTAN
LA APARICIÓN DE CRISTALES DE HIELO Y AYUDAN A QUE
QUEDE UN HELADO MÁS CREMOSO.

NARANJA SUFLÉ

RACIONES

4 personas

TIEMPO DE PREPARACIÓN

30 minutos

INGREDIENTES

4 naranjas
3 huevos
20 g de chocolate blanco
2 cucharadas de harina
2 cucharadas
   de miel de naranja
2 cucharadas
   de azúcar moreno
Azúcar glas avainillado

1. Encendemos el horno a unos 220 °C para que esté a punto para el suflé.
2. Cortamos los dos extremos de la naranja, la base sólo para que se mantenga de pie y la parte superior para retirar una tapa.
3. Vaciamos las naranjas con ayuda de una cucharilla o un sacabolas. Extraemos todo el zumo posible a la pulpa poniéndolas en un colador y apretando.
4. Separamos las yemas de las claras de los huevos.
5. Batimos las yemas en un bol hasta que monten ligeramente. Añadimos la harina, el zumo de las naranjas y la miel y seguimos batiendo hasta que todos los ingredientes estén bien integrados.
6. Ponemos el bol al baño maría y montamos la mezcla con unas varillas eléctricas hasta que coja volumen. Una vez montada, sacamos del baño maría, añadimos el chocolate blanco rallado y mezclamos bien para que se funda y se integre.
7. En otro bol, añadimos el azúcar moreno a las claras y las montamos a punto de nieve, es decir, hasta que forme picos firmes.
8. Mezclamos las claras con la preparación anterior haciendo movimientos envolventes para que no se pierda el aire.
   ♨♨ **TOQUE TORRES:** utilizamos las naranjas como recipiente para el suflé.
9. Rellenamos las naranjas con la masa de suflé hasta unos tres cuartos de su capacidad. Luego las ponemos en el horno, bajamos la temperatura a 180 °C y las horneamos durante 8 minutos.
10. Servimos las naranjas suflé recién salidas del horno y espolvoreadas con azúcar glas.

ADEMÁS DE VITAMINA C, LA NARANJA APORTA
ÁCIDO FÓLICO, POTASIO Y MAGNESIO.

PARA MEZCLAR BIEN LAS CLARAS MONTADAS CON OTRA MASA
LÍQUIDA, PRIMERO INCORPORAMOS UNA CUCHARADA DE
CLARAS EN LA MASA Y MEZCLAMOS. DESPUÉS VERTEMOS LA
MASA EN LAS CLARAS Y REMOVEMOS HASTA QUE SE INTEGREN.

TURRÓN DE CHOCOLATE Y NARANJA

RACIONES

4 personas

TIEMPO DE PREPARACIÓN

15 minutos
+ 2 horas de reposo

INGREDIENTES

150 g de chocolate
    negro (70% de cacao)
150 g de chocolate con leche
40 g de mantequilla
60 g de arroz inflado
20 g de jengibre confitado
2 rodajas de naranja
    escarchada
Sal en escamas
Extra
Molde para turrones

1. Troceamos y fundimos los dos chocolates al baño maría. Para ello, los ponemos en un bol encima de una olla con agua caliente y vamos removiendo con frecuencia.
2. Cortamos las rodajas de naranja por la mitad, las colocamos en la base del molde para turrones y vertemos un poco de chocolate fundido. Luego metemos el molde en el congelador para que el chocolate se endurezca.
3. Añadimos mantequilla al resto del chocolate, mezclamos hasta que se funda y lo mantenemos en caliente.
   TOQUE TORRES: potenciamos el sabor del chocolate con jengibre confitado y un toque de sal.
4. Cortamos el jengibre confitado en trocitos y lo ponemos en un bol con el arroz inflado. Añadimos el chocolate restante y una pizca de sal en escamas. Mezclamos bien hasta obtener una masa de chocolate y arroz.
5. Sacamos el molde del congelador y vertemos la mezcla anterior, nivelamos y aplanamos con una espátula. Metemos el molde en la nevera y lo dejamos un par de horas o hasta que esté duro. Una vez frío, se puede mantener fuera de la nevera.
6. Para servir, lo cortamos en porciones.

COMBINAMOS CHOCOLATE NEGRO Y CON LECHE PARA EQUILIBRAR EL SABOR, PERO SE PODRÍA HACER SÓLO CON UNO U OTRO.

EL JENGIBRE CONFITADO TIENE UNA TEXTURA PARECIDA A UNA GOMINOLA Y ES DULCE Y PICANTE AL MISMO TIEMPO.

LA NARANJA ESCARCHADA SE PUEDE ENCONTRAR YA PREPARADA, O BIEN LA PODEMOS HACER EN CASA COCIENDO RODAJAS DE NARANJA EN AZÚCAR Y UN POCO DE AGUA HASTA QUE QUEDEN CARAMELIZADAS.

ESPECIAL
AHUMADOS CASEROS

AHUMADORES

- Existen ahumadores para alimentos que se pueden encontrar en comercios especializados. Se componen de una campana y un quemador y los hay en distintos tamaños.
- También es posible ahumar en casa usando todo tipo de utensilios y herramientas que tengamos a mano.

CON UNA OLLA Y UNA REJILLA

1. En la base de una olla con tapa ponemos unas maderas para ahumar y/o ramas secas de hierbas aromáticas.
2. Colocamos el alimento que queremos ahumar en una rejilla o vaporera.
3. Prendemos fuego a las maderas, soplamos para apagar la llama, colocamos la rejilla encima y tapamos.
4. Dejamos ahumar unos minutos, al gusto.

EN LA BRASA

1. Añadimos unas ramas secas de madera o hierbas aromáticas a una brasa ya encendida. Ponemos el alimento a cocinar en la brasa y tapamos con una tapa.
2. En este caso, cocinamos y ahumamos al mismo tiempo.

EN EL HORNO

1. En la base del horno, colocamos en una bandeja las maderas o ramas que queramos para ahumar.
2. Colocamos el alimento en otra bandeja a media altura.
3. Prendemos la madera, soplamos y cerramos el horno.
4. Este método permite ahumar más cantidad de alimentos.

¡BUEN PROVECHO!

ÍNDICE
DE RECETAS

ENTRANTES

ARROCES, PASTA Y LEGUMBRES

PESCADOS

CARNES Y HUEVOS

POSTRES

AGRADECIMIENTOS

Este libro es posible gracias a la implicación y la confianza de RTVE, así como a la profesionalidad y el oficio de todo el equipo de Lavinia y Penguin Random House. Por eso nuestro máximo agradecimiento es para todos los implicados en esta gran familia que es Torres en la cocina, *con especial mención a:*

Juan Requena, Albert Pujols, Jacky Duclos y Alejandro Criado por su dedicación, implicación y apoyo en los fogones.

María Ángeles Torres y Alberto Polo por capturar el mejor perfil de las recetas.

Marta Abad, Tatiana Iriarte, Loli Sevillano, Yaiza Martín y Marta Tañà por la organización y el orden que han puesto en esta locura.

Virginia Fernández, Gemma Martínez y David Trías por la confianza, la profesionalidad y el cariño en trasladar nuestro universo al papel.

Gonzalo Amilibia, Dani Molero y Damián González por su apoyo dentro y fuera de las cocinas.

Laura Aguilera, Eva Alimón, Leonela Almeida, Josep Maria Balaguer, Néstor Bertoli, Raúl Bujardón, Eva Calviño, Jordi Casadevall, Ignacio Corrales, Susana Crestelo, Arantxa Delgado, Joan Domingo, Gerard Esbrí, Irene Faciaben, Matías Fernández, Jordi Ferrerons, Marta Forné, Albert García, Ana García, Gloria Gil, Mar Llanas, David Martínez, Irina Mata, Javi Mejías, Natàlia Ortiz, Carles Pàmies, Manel Puentes, Jordi Rafart, Germán Rubíes, Elisabet Sánchez, David Sanz, Sergi Torres, Quique de la Vega, Cristina Vicente, Xavi Vidal, Ángel Vilchez, Gemma Villaverde y todos los que hacen posible la magia de la televisión.

Finalmente, nada de esto existiría sin el apoyo de nuestra familia y sin los espectadores, amigos y seguidores que nos dejan entrar cada día en sus casas. Mil gracias a todos.

Javier y Sergio Torres

TUS TRUCOS Y TOQUES